最好的管理就是没有管理

◎一部改变员工管理观念的启发书◎

孔　勇◎编著

中国华侨出版社

图书在版编目（CIP）数据

最好的管理就是没有管理/孔勇编著．—北京：中国华侨出版社，2011.7（2014.8 修订版）

ISBN 978－7－5113－1539－7

Ⅰ.①最… Ⅱ.①孔… Ⅲ.①企业管理
Ⅳ.①F270

中国版本图书馆 CIP 数据核字（2011）第 120645 号

●最好的管理就是没有管理

编　　著/孔　勇
责任编辑/尹　影
封面设计/纸衣裳书装
经　　销/新华书店
开　　本/710 毫米×1000 毫米　1/16　印张/18　字数/220 千字
印　　刷/北京溢漾印刷有限公司
版　　次/2011 年 8 月第 1 版　2014 年 9 月第 2 次印刷
书　　号/ISBN 978－7－5113－1539－7
定　　价/32.80 元

中国华侨出版社　　北京朝阳区静安里 26 号通成达大厦 3 层　　邮编 100028
法律顾问：陈鹰律师事务所
编辑部：（010）64443056　　64443979
发行部：（010）64443051　　传真：64439708
网　址：www.oveaschin.com
e-mail：oveaschin@sina.com

前言

ZuihaodeGuanli JiushimeiyouGuanli

著名的管理学教授巴托洛梅指出，培养信任和坦诚的因素，至少应该包括六个方面，即“沟通”、“支持”、“尊重”、“公平”、“可预见性”和“胜任工作”。这是管理的最高境界，也是管理的终极目标。

最理想的管理就是一种“无为而治”的状态，也就是没有管理。因为人人学会了自我管理，恪尽职守，那些所谓的管理制度、条条框框也就失去了存在的意义。管理要实现这样一种理想状态，前提就是管理者对下属或员工做到充分信任。

没有管理不是取消管理，而是使管理进入更好的层次和更高的境界。传统的管理模式在一定程度上束缚人的个性和创造力，而未来的社会由于员工的知识更加丰富，获取信息的手段更加多样，这样就形成了新的管理模式：

1. 人人都是管理主体；

2. 以人为本，顺应人性，尊重人格；

3. 通过管理文化建立一种高度的和谐友善、亲切融合的氛围，企业成为一个密切团体；

4. 顺应形势，顺应社会运行的自然法则，使管理成为一个自然的过程，使企业成为一个自我组织、自我协调的有机体，能够协调高效有序地运行。

美国通用电气 CEO 韦尔奇的一个经营的最高原则：“管理得少”就是“管理得好”，或者反过来说也一样：“管理得好”就是“管理得少”。

要“管得少”，又要“管理住”，还必须进行合理的委任与授权。事必躬亲导致的结果一是效率低下，二是团队失去工作积极性。因此必须通过合理授权，使团队成员有充分发挥自己能力的平台。在必要的指导和监督下，用人不疑、疑人不用，赋予下属相应的责权利，鼓励其独立完成工作。

本书提倡“没有管理就是最好的管理”的公司管理理念，认为来自于领导之“管”只是暂时的行为，而来自于员工自身的“管”才是长久行为。阅读本书，可有助于公司领导在管理这方面真正领悟执行这一概念，真正让自己的公司产生活力和高效运转。

目录

ZuihaodeGuanli JiushimeiyouGuanli

第一章　从泰勒到彼得·德鲁克，什么是管理？

“从现在起，任何国家，也包括企业，尤其是大企业，要想在经济上有所作为，就必须接受：世界经济正起着主导支配的作用，国内经济政策只有在加强该国的国际竞争地位，至少是不损害这种国际竞争地位的情况下，才能取得成功，这也许就是变化的世界经济的最重要的，肯定是最显著的特色。”

——彼得·德鲁克

第二章　领导不同于管理

“领导的行为是不同的，要战胜障碍，实现远大的远景目标，就需要不时激发出非凡的力量，而某些激励和鼓励过程则能带来这种力量。激励和鼓动过程要达到激励效果，不是通过控制机制将人们往不正确的方向推，而是通过满足人们的基本需求来达到目的，即满足人们的成就感、归属感、自尊感，让他们觉得自己已经得到认可，能掌握自己的命运，实现自己的理想。”

——约翰·P·科特

第三章　合格的管理者会自找缺陷

亨利·明茨伯格始终是一个非常引人注目的人物，他是最具原创性的管理大师，又是管理学界的“叛逆者”。明茨伯格一直都以他在管理领域所提出的大胆、创新和颇具开拓精神的观点而为人所瞩目，他的思想非常独特，人们按常规思路往往不太容易接受，也正因为此，他获得了“管理领域伟大的离经叛道者”的头衔。作为一个管理者，想在管理领域做出一番作为，首先要会从自己身上找出缺陷，然后及时改正。

第四章　树立员工的责任与荣誉感

责任与荣誉并非大而无当的空话，而是每一个员工都必须认真思考的、事关切身利益的大问题。试想，没有责任，怎能为工作而尽心？没有荣誉，怎能向上进取？以这两点为突破口，就能把管理理念真正落实到员工的心上，让他们去努力获得工作的“金牌”！

第五章　从员工的各种工作心理突破管理

不管是什么样的员工，对待工作都有这样或那样的心理，主动承担工作，并以积极心态去努力完成，这种员工具备“自动自发”的品质；还有只要做不好工作就找借口作为挡箭牌的员工。对于管理者而言，巧妙利用其心理激励员工，就可以让其最大限度地成为工作的主人。

第六章　绩效是最有力的无形标杆

有些管理者总爱罗列出各种条条框框，以此“管理”员工，其实此法并不可过分，但真正的管理之道是：让员工自己面对“绩效”这面无情之镜，对照自己每天做了多少。

第七章　适度奖励，激发员工的冲天干劲

奖惩直接与员工利益挂钩。实际上，没有一个员工甘愿受惩，都是直奔奖励而去。这一点正是员工自己为自己工作的动力。适度对员工进行奖励，会激发员工的工作热情，而热情恰恰是一个员工身上最为可贵的工作精神。

第八章　有效沟通，营造和谐的氛围

居高临下的管理模式，只能造成“墙壁式的阻隔效应”。管理者只有把员工作为具有人性的人来善待，多与之沟通和协调，才可以多得到他的一份心。这种赢得人心的管理策略造成的潜力常是巨大的。

第九章　知人善用，没有最好，只有最合适

用人之道，屡见不鲜，但非大多数管理者善于为之，甚至有的仅停留在理论上。用人的学问在于：用人之长，因事设人。只有定准了人，高效工作的局面才会随之而来。

第十章　授权之后，大家都是主人翁

没有授权意识的管理者，不会得到员工的广泛支持。权力的绝妙处不在于“紧”，而在于“收放结合”。一旦员工自己成为权力的主人，他必然会比没有权力时更加精细地对待工作。

第一章

从泰勒到彼得·德鲁克，什么是管理？

“从现在起，任何国家，也包括企业，尤其是大企业，要想在经济上有所作为，就必须接受：世界经济正起着主导支配的作用，国内经济政策只有在加强该国的国际竞争地位，至少是不损害这种国际竞争地位的情况下，才能取得成功，这也许就是变化的世界经济的最重要的，肯定是最显著的特色。”

——彼得·德鲁克

管理是一门学科

管理是一门学科，这首先就意味着，管理人员付诸实践的是管理学而不是经济学，不是计量方法，不是行为科学——后面这些都是管理人员的工具。但是，管理人员付诸实践的并不是经济学，正好像一个医生付诸实践的并不是验血那样。管理人员付诸实践的并不是行为科学，正好像一位生物学家付诸实践的并不是显微镜那样。管理人员付诸实践的并不是计量方法，正好像一位律师付诸实践的并不是案例那样。管理人员付诸实践的是管理学。

管理是一门学科的含义之一，有些专门的管理技巧适用于管理学而不适用于其他任何学科，这些技巧之一是组织内的信息交流。另一种技巧是在不确定的情况下作决策。还有一种特殊的企业家的技巧——战略规划。

1. 实用学科的特点

管理作为一门特别的学科，有它自己的基本问题、特殊方法和特别关心的领域。一个理解管理学科而并不具备各种管理技巧和管理工具的最低能力的管理人员仍不失为一个有效的管理者，甚至可能是第一流的管理者。而一个只知道管理技巧和管理手段但并不理解管理学基本原理的人却不是一个管理者，最多只能算是一个技术员。

管理学是一种实用学科而不是一种纯理论学科。从这点讲，它可同医学、法律学、工程学相比，它所追求的不是知识而是成就，而且，它并不单纯是普通常识、领导方法，更不单纯是财务技巧的应用。它的实践以知识和责任两者为基础。

2. 不仅仅是技术

管理热潮表明，管理人员必须比一个“技术主义者”掌握更多的东西。他不能局限于自己的训练，不能满足于掌握他的技巧、工具和手段。

管理并不是同文化无关的，即并不是自然世界的一个部分。管理是一种社会职能，因而既要承担社会责任，又要植根于文化之中。

技术主义观念在管理中的不适当可以用通用汽车公司的例子来最好地予以说明。从技术主义方面，即从公司成就方面来说，通用汽车公司在第二次世界大战以后的时期，无论在市场上所占的地位、利润或生产率方面，都取得了出色的成就。但与此同时，通用汽车公司却在公众舆论、政治和社会评价方面遭受了严重的失败。通用汽车公司不但没获得作为技术主义成就的报偿，即未获得作为企业管理者的成果，反倒被迫处于防御地位。

管理人员必须是一位名匠，他的第一个职责就是使他的机构完成其所以存在的使命和目标，不论它是商品或服务、学业或疾病治疗，但这还不够，每一个机构都是为社会而存在的，并且存在于社会之中，因而它必然会产生各种冲击，而它必须为自己的冲击负责。在发达国家多机构的社会中，各个领导集团，即各种机构的管理人员也必须承担起自己的社会责任，必须深入思考他们所处社会的价值观、信念和承诺，必须在完成其机构的特殊而有限的使命以外，承担起领导的责任。这种责任引起了一种新的重大的挑战，并在管理方面和政治理论及实践方面都提出了一些最困难的问题。这已成为一种事实。

管理的根本在于用人

企业管理应以人为本，企业能否越走越远，关键要看管理者能否把握好“人”的问题。一个合格的领导必然能够将下属凝聚在一起，必然能够用对人、用好人，使每一名员工都能够为组织发光发热。

1. 管理要解决的问题有90%是共同的

德鲁克认为：管理在不同的组织里会有一些差异。因为使命决定远景，远景决定结构。管理沃尔玛和管理罗马天主教堂当然有所不同，其差异在于，各组织所使用的名词（语言）有所不同，其他的差异主要是在应用上而不是在原则上。所有组织的管理者，都要面对决策，要做人事决策，而人的问题几乎是一样的。所有组织的管理者都面对沟通问题，管理者要花大量的时间与上司和下属进行沟通。在所有组织中，90%左右的问题是共同的，不同的只有10%。只有这10%需要适应这个组织特定的使命、特定的文化和特定的语言。换言之，一个成功的企业领导人同样能领导好一家非营利机构，反之亦然。

2. 培养经理人的重要性

德鲁克认为：经理人是企业中最昂贵的资源，而且也是折旧最快、最需要经常补充的一种资源。建立一支管理队伍需要多年的时间和极大的投入，但彻底搞垮它可能不用费多大劲儿。21世纪，经理人的人数必将不断增加，培养一位经理人所需的投资也必将不断增加；与此同时，企业对其经理人的要求也将不断提高。

企业的目标能否达到，取决于经理人管理的水平，也取决于如何管理经理人。而且，企业对其员工的管理如何，对其工作的管理如何，主要也取决于经理人的管理及如何管理经理人。企业员工的态度所反映的，首先是其管理层的态度。企业员工的态度，正是管理层的能力与结构的一面镜子。员工的工作是否有成效，在很大程度上取决于他被管理的方式。

3. 组织的目的是使平凡的人做出不平凡的事

组织不能依赖于天才，因为天才稀少如凤毛麟角。考察一个组织是否优秀，要看其能否使平常人取得比他们看来所能取得的更好的绩效，能否使其成员的长处都发挥出来，并利用每个人的长处来帮助其他人取得绩效；组织的任务还在于使其成员的缺点相抵消。

大师人物的管理思想体系

德鲁克对管理方法的认识是建立在对管理的性质、任务、职责和组织结构的系统界定的基础上的。下面首先让我们来看看德鲁克的主要管理思想体系。

1. 管理的性质

德鲁克认为管理是对人进行管治的一种技巧，是一个特殊的独立的活动，同时也是一个独立的知识领域。他认为管理学是由一个工商企业管理的理论和实践的各种原则组成，管理的技巧、能力、经验不能移植并应用到其他机构中去，管理的定义是努力把一个人群或团体朝着某个共同目标引导、领导和控制。显然，一个好的管理者就是能使团体以最少的资源和人力耗费达到其目的的管理者。

管理活动有其特殊的内容，人们进行管理的技能同它应用的具体条件无关，管理活动是所有各种领导方式的主要组成部分，这是一种同所有的其他活动（工程、技术等活动）在性质上都不同的活动，管理侧重于实际应用而不是纯粹的理论研究。

2. 管理的任务

管理的任务主要有三项：

（1）取得经济成果。因为企业就是为了取得经济效果，取得经济效果在企业机构中是合理的并且本身就是它的目的。企业的决策人员在他们做出决策的时候，都必须首先考虑经济效果。一个企业如果未能产生经济效果，不能按顾客支付价格的意愿提供商品和劳务，如果不能维持或改进社会支付给它的经济资源的生产能力，那么这个企业就算失败。

（2）使企业具有生产性，并使工作人员有成就感。工商企业有三类资源，即资本、人力和时间。但真正的资源只有一项：人。这对其他的机构和组织来说也是一样的。企业都是通过人力资源更有生产性来执行其工作，通过工作来取得成绩。具有生产性的工作首先能给企业的成长作出直接贡献。其次，也是最为困难的是使得工作人员的工作具有成就感。对人的管理的最大的困难是人的心理具有多变性，而今天的管理是不能忽视人的心理因素的。

（3）妥善处理企业对社会的影响和承担企业对社会责任的问题。这是因为没有哪一个机构是为了自己而存在的，是以自身为目的的。每一个机构都是社会的细胞，都是为社会而存在的。企业的好坏不是由企业自身来评价的，企业对社会的主要责任就是它应该对社会产生积极的影响和卓越的效果。

以上三项任务是在同一时间、同一管理行动中执行的，人们甚至不能说其中哪一项任务是最重要的或需要更大的技巧和更大的能力。

3. 管理的职责

作为企业的主要管理经理，有两项职责是别人不能替代的。

第一个职责是他必须造成一个生产的统一体，这个生产统一体的生产力要比它的各个组成部分的生产力的总和更大。从这个意义上讲，经理要造成生产统一体，就得克服企业中的所有弱点，并使各种资源（特别是人力资源）得到充分的发挥。经理的第二个职责，是他在做出每一次决策或采取每一个行动时，要把当前的利益和长远的利益协调起来。每一个经理都有一些共同的必须执行的职责，这些职责是：

（1）树立目标并决定达到这些目标要做些什么，然后把它传达给与目标的实现有关的人员。

（2）进行组织工作。对工作分类并划分成一些较小的活动，以便进行管理、建立组织机构、选拔人员等。

（3）进行鼓励和联系工作。经理要利用表扬、奖金、报酬、提拔等手段来鼓励人们做好工作。

（4）对企业的成果进行分析，确立标准并对企业的所有人员的工作进行评价。

（5）使职工得到成长和发展。经理执行其职能的情况如何，将使得职工更易于或更难于发展自己的能力。

德鲁克认为经理的工作就是激励、指挥和组织人们去做他们的工作，而不是其他。不论经理所重视的是哪一种工作，他的效果取决于他的听和读的能力，取决于他的说和写的能力，他需要把他自己的思想转达给别人，并找出别人在想什么的技巧。

4. 组织结构

德鲁克对组织结构是很重视的。他认为：

（1）法约尔和斯隆有关组织结构不认为“自发演变”的观点是正确的，“自发演变”的组织结构只能带来混乱、摩擦和不良后果。组织结构的设计是需要思考、分析和系统研究的。

（2）设计一个组织结构并不是第一步，而是最后一步。第一步是确定和组织一个组织结构的基本构造单位，即那些必须包含在最后结构之内并承担已建成大厦的结构负荷的业务活动。

（3）战略决定结构。组织不是机械的，不是装配件，不能预测。组织是有机的，并且每一个企业或机构各有特点，结构是实现一个机构的各种目标的一种手段，因此有关结构的任何工作都应从目标和战略出发，而战略就是对“我们的企业是什么？应该是什么？将来是什么？”这些问题有着明确的答案。它决定着组织结构的宗旨，因而决定着某一企业或服务机构中那些最关键的活动。有效的组织结构就是使得这些关键活动能够进行工作并取得成就的那种组织设计，而这些关键活动反过来成为一个能进行工作承受负载的组织结构要素。组织设计所应关心的就是这些关键活动和关键工作。

组织结构设计的规范是：

（1）明确性。组织中的任何一个管理部门、任何一个人都应该有其明确的位置。“归谁领导，应该到哪里取得所需要的信息，同谁进行协作”。

（2）经济性。用于控制、监督、引导人们取得成绩的力量应该保持在最低限度，良好的组织结构应该是使人自我控制、自我激励。

（3）远景方向。组织结构应该引导每个管理部门和每个人的远景，使其为取得整个企业的成绩而做出努力。

（4）理解本身的任务和其目的任务。一个组织应该使自己的每个任务适应于整体的任务，因此在组织结构中不应该出现信息流通的障碍。

（5）决策。组织结构必须能使组织做出正确的决策并能把这些决策转化为工作上的成就。

（6）稳定性和适应性。一个组织要有充分的稳定性和适应性，也就是说能在动荡的环境中进行工作，能对未来进行不断的规划，但是做到稳定不僵化。

（7）永存性和自我更新。一个良好的组织结构，必须能够从内部产生未来的领导者，能够在每一层次上培养和考察每一个人担任更高一级职位的能力，并且能接受新的思想和做新的事情。

管理的技能是作出有效的决策

所谓蛇无头不行，领导是员工的风向标，一个合格的领导者必须具备高水平的决策能力。要为组织成员建立起共同的愿景，并指引他们一致朝着共同的目标前进，帮助他们解决前进道理的疑难问题。

1. 管理技能

德鲁克认为，管理是特殊的工作，因而要求一些特殊的技能，其中包括：做出有效的决策，在组织内部和外部进行信息联系。正确运用控制和衡量，正确运用分析工具即管理科学。经理要能掌握所有这些技能，使每一个管理人员都必须对这些基本的管理技能有所了解。

（1）要做出有效的决策。

①注意的中心是确定问题而不是提供答案。

②把各种不同的看法都提出来，在达到协商一致以前不对答案进行讨论，而是探讨各种不同的看法和方法。

③注意的中心放在各种可供选择的方案上，而不是放在“正确的答案”上。决策不是一种机械的工作，而是一种冒风险的事，并且是对判断力的一种挑战。“正确的答案”不是问题的中心，而且通常也找不到正确的答案，中心在于对问题的理解。还有，决策不单纯是一种智慧的运用，还需要动员整个组织的见识、力量和各种资源，以便采取有效的行动。

（2）在组织内部和组织外部进行信息交流。信息交流有四项基本原则：

①信息交流是知觉，必须在信息接受者的知觉范围以内。“知觉范围”既指生理上的范围，也指文化和感情上的范围。

②信息交流是期待。人们知觉到的是他们期待着的事物，而对不期望的事物会视而不见、听而不闻。所以，在进行信息交流以前，必须知道信息接受者的期望是什么，才能知道是否可以利用他的期望来进行信息交流，或者是否需要有一个“震动”来打破他的期望，并迫使他承认已发生了他所不期望的事情。

③信息交流提出要求，要信息接受者成为某种的人、做某种事、相信某种事。因此，一般讲来，除非信息能适应于（至少在一定程度上）信息接受者自己的愿望、价值观和目的，否则，他就会抵制或不接受信息。

④信息交流和信息是不同的。信息交流是知觉，是人与人之间的交流；而信息则是逻辑，是非人称的。信息愈是摆脱人的因素，即摆脱感情和价值观、期望和知觉等，则愈确实可靠，愈具有信息的作用。

信息联系必须把重点放在被接受者和发出者双方都知觉到的东西上，放在他们共同的东西上，放在预订的信息接受者已有动机的东西上，必须从一开始就了解到预订的信息接受者的价值观信念和期望。因此，目标管理是有效信息联系的一个先决条件。

（3）正确运用核查、控制与衡量。核查与控制是有区别的，核查是关于方法的，控制是关于目的的。核查的同义词是衡量和信息，而控制的同义词是方向。核查是分析的，涉及过去和现在的事情，控制是描述的，涉及应该是怎样的情况。

工商企业中的核查有三个主要特点：

①核查可能不是客观的或中性的，而是主观的、有倾向性的。

②核查必须把重点放在成果上，而企业的成果只存在于外部，存在于经济、社会、顾客之中。企业内部的所有事物——制造、销售、研究等，只形成成本，只是一种“成本中心”。

③对可衡量的事件和不可衡量的事件都需要核查，否则会给

人以错误的信息。核查必须符合以下八项规范：符合经济性原则；必须是有意义的；核查必须适合于被衡量对象的特点和性质；衡量的尺度必须同被衡量的事件相称；核查必须适时；必须简单；必须是能被使用的；最后，核查制度必须同组织的最终控制（表现于其有关人的决策中）相一致。

（4）正确运用管理科学这种分析工具。要使管理科学产生良好的效果，管理人员应对管理科学承担起责任来，对这些工具进行管理。应该在管理科学家的密切配合下，对管理科学提出以下4项要求和期望：管理科学家要对各种假设进行检验；他们要确定应提出一些什么样的正确的问题；他们要提出各种可供选择的方案而不是提出答案；他们要把注意力集中在理解上，而不是集中在公式上。

这四项要求和期望依据的都是下述假设：管理科学不是计算的方法而是分析的工具，它的目的是帮助管理人员深入认识和进行诊断，不是开处方，更不是开出灵丹妙药。

2. 目标管理

目标管理是近年来管理经验学派为适应实践的需要提出的管理方法，它的代表人之一德鲁克提出了一种影响比较大的管理思想和管理方法。它是这样的一种制度：使管理人员和广大职工在工作中实行自我控制并达到工作目的的一种管理技能和管理制度。

目标管理制度可以描绘为如下一个过程：一个组织中的上级和下级管理人员一起制定共同的目标，使每一个人的应有成果相联系，规定他的主要职责范围，并用这些措施作为经营一个单位和评价其每一个成员的贡献的指导方针。

其基本要点是：

（1）明确企业中的目标性质（如表1－1），每层人员都应该对本层次的目标和任务有着清晰的概念。

表1－1　企业中的目标性质

名级管理层次	目标的广度
高级管理人员	战略目标和高级战略目标
中层管理人员	中级策略目标
基层管理人员	初级策略目标
一般员工	方案和任务

（2）目标管理顺利实施有利的条件是：

①高层管理人员的参与；

②下级人员必须积极参加目标的制定和实施；

③有足够丰富的情报资料；

④对实现目标的手段有控制权；

⑤对由于实行目标管理而带来的风险要予以承担；

⑥对职工要有信心。

（3）目标管理的步骤：

第一阶段是制定目标，使整个企业制定一年或一个时期的目标，各级管理部门制定本部门要实现的策略目标，每个职工制定自己的目标方案和任务，这样就形成了一个目标体系。其中可分为五步：

①准备；

②由高层领导制定战略目标；

③在各管理阶层制定试探性的策略目标；

④各级管理人员提出各种建议，并相互修改；

⑤对各项目标的评价标准达成协议。

第二阶段是实现目标过程。在这一步，主要是职工自我管理和自我控制，上级只是根据例外原则才对重大的问题过问和干预。由于职工的个人目标和各级管理人员的策略目标是以整个企业的战略目标为依据的，所以，当职工的个人目标和各级管理人员的策略目标实现了，企业的战略目标也就实现了。第三阶段是对成果进行检查和评价，把评价作为下一个目标管理的经验，这样的目标管理就成为一个动态的循环。

管理是一件运行着的机器

管理在20世纪的兴起是历史中的一个关键事件。它标志着社会的一种重大转变，即转变为一种包含多种机构的多元社会，而管理则是这些机构的有效的器官。管理作为一种实践和一门学科经过了一个多世纪的发展以后，在第二次世界大战到20世纪60年代的管理热潮中引起了公众的注意。目前，这种管理热潮已经过去了。那么，这阵管理热潮有些什么成就呢？我们从中学到了一些什么呢？我们需要一些什么新的知识？面对着什么新的挑战？前面有些什么新的任务呢？1973年德鲁克出版《管理：任务、责任、实践》巨著，该书被誉为管理学的“圣经”。就是在这本书里，他提出了著名的管理学任务的内涵。

工商企业以及公共服务机构都是社会的器官。它们并不是为着自身的目的，而是为着实现某种特别的社会目的并满足社会、社区或个人的某种特别需要而存在的。它们本身并不是目的，而是手段。对它们提出的正确的问题不应该是“它们是什么？”而应该是“它们应该做些什么以及它们的任务是什么？”

管理转而又是机构的器官。就管理本身而言，无所谓什么职能，而且也无所谓什么存在。管理如果脱离了它所服务的机构就不是管理了。

人们所理解并正确地加以谴责的官僚主义就是那种误认为自己是目的而机构是手段的管理。这是管理当局，特别是那些不受市场考验约束的管理当局容易犯的一种退化性毛病。预防、制止，并在可能的情况下治疗这种毛病，应该是任何一个有效的管理者，以及任何一本有效的管理书的首要目标。

“管理是什么？”这个问题应该是第二位的。首先，人们必须通过管理的任务来阐明管理。

为了使机构能执行其职能并作出贡献，管理必须完成三项同等重要而又极不相同的任务：

——本机构的特殊目的和使命（不论本机构是一个工商企业还是医院或大学）；

——使工作富有活力并使职工有成就；

——处理本机构对社会的影响和对社会的责任。

1. **目的和使命**

一个机构是为了某种特殊目的和使命、某种特殊的社会职能而存在的。在工商企业中，这就意味着经济上的成就。

在考虑这项首要、特殊成就的任务上，工商业机构同非工商业机构是不同的，而在考虑其他各项任务上，它们是相似的。但是，只有工商企业才把经济上的成就作为它们的特殊使命，工商企业的定义就是它为了经济上的成就而存在。在所有其他各种机构中，如医院、教会、大学或军队，经济因素只是一项约束条件，在工商企业中，经济上的成就是它存在的理由和目的。

经济上的成就虽然绝不是社会中所要完成的唯一任务，但却是它的首要任务，因为所有其他的社会任务——教育、卫生保健、防务以及知识的进步，都取决于经济资源的剩余，即利润和其他节余，而那是只有成功的经济上的成就才能提供的。我们愈是需要其他方面的各种满足，我们愈是高度地评价它们，我们就愈是依靠于工商企业在经济上的成就。

工商企业的管理必须始终把经济上的成就放在首位，在每一项决策和行动中都这样。它只有通过自己在经济上的成果才能证明自己有存在的必要及自己的权威。如果一个企业在提供经济成果方面失败了，它就失败了；如果一个企业未能以消费者愿意支付的价格向消费者提供他们需要的商品和服务，它就失败了；如果一个企业未能提高或至少维持把付给它的那些经济资源的物质生产能力，它就失败了。而这就意味着企业有责任获得利润，而不论一个社会的经济或政治结构或思想意识形态是怎样。

工商企业管理的第一个定义是，它是一个工业社会的一种经济器官、一种特别的经济器官。管理当局的每一项行动、每一项决策、每一项考虑，都必须把经济上的成就放在首位。

2. 富有活力的工作和职工的成就

管理的第二项任务是使工作富有活力并使职工有成就。

工商企业（或其他任何机构）只有一项真正的资源：人。它通过富有活力的人力资源来完成它的任务，它通过完成工作来取得成就。因此，使工作富有活力是首要的职能。但与此同时，在今日的社会中，这些机构日益成为个人取得生计并取得社会地位、与人交往、个人的成就和满足的手段。因此，使职工有成就愈来愈重要，并且是一个机构所取得成就的衡量标准。它日益成为管理的一项任务。

按照它本身的逻辑把工作组织起来仅只是第一步，第二步并且是困难得多的一步是使工作适应于人，而人的逻辑同工作的逻辑是根本不同的。使职工有成就意味着要把人看成是一种有着特别的生理和心理上的特点、能力、限制，以及不同的行动模式的有机体。它意味着要把人力资源看成是人而不是物，而人力资源不同于其他资源，具有个性、公民资格，对于是否工作以及工作多少或好坏能加以控制，因而就要求有责任心、激励、参与、满足、鼓励和报酬、领导、地位和职能。

管理，而且只有管理，才能满足这些要求。对于职工来讲，不论他是操作机器的工人还是执行副总经理，都必须通过他们在工作和职位上的成就来取得满足，也就是说，在企业中取得满足；而管理是企业的启动器官。

3. 对社会的影响和对社会的责任

管理的第三项任务是处理企业对社会的影响和对社会的责任。我们的各个机构的设有是为着它自身而存在的，也不是以自身为目的。每一个机构都是社会的一个器官，而且是为社会而存在的。工商企业也不例外，自由企业不能由其本身来评定其好坏，只能由它对社会的影响来评定其好坏。

工商企业为了完成其任务，提供出经济商品和服务，就必须对人、社区和社会发生影响。它必须对人（如职工）拥有权力和权威，而职工自己的目标和目的并不是由企业来规定，也不是包含在企业之中的。企业作为提供工作和税收收入的来源，同时也作为废物和污染物的来源，必然对社区发生影响。还有，在我们这个由各种组织构成的多元社会中，企业除了它对生活的数量即经济商品和服务的基本关心以外，日益关心于生活的质量，即现代人和现代社区的物质的、人性的和社会的环境。

管理的这一个方面对于所有各种机构的管理人员的工作来讲都是本身固有的。大学、医院和政府机构同样地存在着对社会的影响和对社会的责任，而且一般较工商企业更加没有意识到它们，更加不关心它们对人、社会和社区的责任。我们愈来愈期望于工商企业管理承担起生活质量的领导，因此，处理对社会的影响就成为管理的第三项主要任务和第三个主要的方面。

4. 三项任务的关系

这三项任务常常是在同一时间和同一管理行为中去执行的，甚至不能讲某项任务占有更优先的地位或要求更高的技巧或能力。的确，业务方面的成就是第一位的，它是企业的目标和存在的理由，但是，如果对工作和职工的管理是错误的，那么无论总经理对业务的管理是如何的好，也不会有业务方面的成就。在对工作和职工错误管理的情况下所取得的经济上的成就是虚假的，而且实际上即使在很短的时期也会对资本起破坏作用。这种成就会使成本提高到失去竞争力的程度；它会导致阶级仇恨和阶级斗争，从而最终使企业完全不能经营下去。此外，如果错误地处理对社会的影响，最终就会破坏社会对企业的支持并毁灭企业。

这三项任务中的每一项都有其重要性。业务的管理有其重要性，因为企业就是一个经济机构，但是，使工作富有活力并使职工有成就也有其重要性，这就是因为社会不是一个经济机构，而期望管理来实现基本的信念和价值观；处理企业对社会的影响也有其重要性，因为没有一个器官可以脱离开它所服务的躯体而继续存在，而企业就是社会和社区的一个器官。

同样地，在这些领域中，不存在脱离开整个企业（或大学、医院、政府机关）的行动或结果，不存在“职能性”的结果或“职能性”的决策。只存在整个企业的投资和风险，整个企业的利润或亏损，整个企业的行动或不行动，整个企业的决策和情报。使环境污染的不是某一个工厂，而是纽约爱迪生综合公司、联合碳化物公司、造纸工业或城市下水道系统。

可是，工作和成就总是具体的，因此，在两种现实之间存在着紧张状态，这两种现实是经济成就的现实和工作的现实。消除这种紧张状态，或至少使它成为富有活力的，则是管理的经常任务。

管理者需使资源获得最佳效果

1. 时间方面

在每一项管理问题、每一项决策、每一项行动中都存在着一个复杂的问题，虽然不能叫做管理的第四项任务，但却形成了另一个方面，这就是时间。

管理总要考虑现在和未来、短期和长期两方面。如果目前的利益是以危及企业的长期健全，甚至其存在为代价而获得的，那就不能说一个管理问题得到了解决。如果为着不确定的未来而使当年冒着灾难的风险，那种管理决策也是不负责任的。经常发生这样的情况，管理中的大人物在他经营企业时取得了辉煌的经济成就，而他遗留在身后的却是一个烂摊子。这是不负责任的管理行动和未能将现在和未来加以平衡的一种例子。那种目前的经济成果事实上是虚假的，并且是以资本的支出为代价而获得的。在任何地方，只要目前利益和未来利益未能同时兼顾，目前利益的要求和未来利益的要求未能加以协调或至少加以平衡，资本即物质生产资源就会受到威胁、损失或破坏。

现在，我们特别意识到短期经济决策对环境和自然资源的长期影响这一时间的方面，但是，在所有领域中，特别是在同人有关的领域中，同样地存在着在今天和明天之间进行协调的问题。

时间因素这一方面是管理所固有的，因为管理所涉及的是行动的决策，行动始终是指向未来的结果。任何人，只要他的责任是行动而不是思考或了解，就要从属于未来。

时间因素这一方面对于管理工作之所以特别重要而又特别困难，有两个原因：

（1）经济和技术进步的实质就是，一项决定从其作出到产生后果和加以验证的时间，正在愈来愈长。爱迪生在19世纪80年代，从对一种思想进行实验室工作到工厂试产，大概需要两年左右的时间，而目前，爱迪生的继承者们约需15年的时间。半个世纪以前，一家新工厂在两三年时间内就可以收回投入的资本，而目前，每一工人的资本投资额达到1900年的20倍，还本期常常长达10年或12年。一种以人为主的组织，如销售组织或管理集团，常常需要更长的时间来建立和还本。

（2）时间因素这一方面的第二个特点是管理，而且几乎只有管理必须总是同时兼顾到目前和未来，

一位军事领导人也知道存在着目前和未来。但他一般很少在同一时间既要考虑现在，又要考虑未来。在和平时期，他不考虑什么“现在”，现在只不过是未来战争的准备；在战时，他只考虑极短的“未来”，他所关心的是赢得目前的战争，他把其他的

事情都交给政治家去处理；在一个冷战、边缘战争、警察行动的时代，这一点已不再正确。

但是，管理必须总是兼顾两者，它必须使企业在目前取得成就，否则企业就不能在未来有所成就。同时，它又必须使企业在未来能取得成就、发展和变革，否则它就破坏了资本，即资源——为明日生产财富的能力。

关于未来，我们所知道的唯一的事是它将不同于现在。在整个的历史时期中，可能存在着伟大的历史规律、伟大的连续性潮流。但是，在任何一种机构的管理人员进行作业的时期中，在他有意识地作出决策和行动的时期中，这一时期是以年数来计算而不是以世纪来计算的，起作用的是未来的不确定性，长期的连续性在此不相干。而且不管怎样，长期的连续性只有在事后的回想和历史的回顾中才能辨认出来它是怎样发生的。

对于管理人员来说，未来只是不连续性，但是，不管未来怎样不同于现在，只有通过现在才能达到。对未知的跳跃愈是大，则起跳的基础必须愈是坚固。时间因素这一方面使管理决策具有特别的性质，管理决策是管理人员把目前和未来结合起来的一种行动。

2. 经营与企业家精神

对管理成就来说，还存在着另一个方面，管理人员必须经常从事经营管理，但是，他还必须是一个企业家，他必须把各种资源从收益低或收益逐渐降低的领域转移到收益高或收益逐渐增加的领域，他必须抛开过去，放弃已经存在和已经知道的东西而创造未来。

在一个不断发展的企业中，有着已经存在的市场、工艺技术、产品、服务和设备，资本已经投入并被应用，人员已被雇用并安排在具体的工作上，等等。管理人员在经营方面的工作就是使这些资源获得最佳的成果。

经济学家经常告诉我们，所谓效率，即对正在做的事情做得更好一些，它意味着集中注意于成本。但是，获得最佳成果这种方法应该集中注意于效果。它集中注意于提供收益、创造市场、改革现有产品和现有市场的经济特点的各种机会。它所提出的问题不是“我们怎样把这件事或那件事做得更好？”而是“哪种产品的确会产生或能够产生出色的经济效果？”

“哪种市场以及（或者）最终用途能够产生出色的经济效果？”然后它又提出这样的问题：“各种资源和努力的成果应该怎样地进行分配，以便产生出色的经济效果，而不是只要具有普通的效率就可以产生出来的‘通常的’经济效果？”

这并不是贬低效率。即使是最健全的企业、有最好效果的企业如果效率不高，也可能会垮台，但是，如果一个企业效率很高而所做的事情却是错误的，即其效果不好，那么即使是效率最高的企业也不能维持下去，更谈不上取得成功了。

效果是成功的基础，效率则是在已经成功以后维持下去的最低条件。效率涉及如何把事情做好，而效果则涉及做正确的事情。

效率涉及的是把努力投入到所有的活动领域中去。而效果则从这样的认识出发，即在工商企业中，正如在任何社会有机体中一样，10%到15%的活动现象，如产品、订货单、顾客、市场或人员，产生出80%到90%的经济效果，而其他80%到90%的活动现象，无论你怎样注意提高其效率，却只会产生成本（那总是比例于交易量即繁忙的程度而产生的）。

因此，管理人员第一位的经营工作就是使能够提供效果的只占总量很小部分的核心活动能产生效果。与此同时，他对大部分的业务活动——产品或人员的活动、研究或销售工作，只是一般地照顾（如果他并不放弃的话）。那些业务活动，不论它们是代表已实现了的过去的机会，或仅只是忙忙碌碌，或者是未实现的过去的希望与期待（即过去的错误），无论做得怎样好，也不会产生出色的好效果。

管理人员的第二项经营工作是始终使企业更接近于充分发挥它的潜力。即使是最成功的企业，如果用它的潜力来衡量，那么它所取得成就的程度还是比较低的。所谓潜力是指把各种努力和资源结合起来本来可以获得的最大的经济效果。

这项工作并不属于创新的工作。它实际上是从企业的目前状况出发而提出这样的问题："理论上的最佳状况是什么？是什么妨碍了达到这种最佳状况？限制企业而使它不能从其资源和努力获得充分效果的是一些什么限制因素？"

基本方法之一是，提出这样的问题："在产品、工艺技术、生产过程、市场等方面做些什么较小的改变能大大改进或改变本企业的经济特点和经济成果（这类似于现代系统工程师采用的弱点分析)。”

在炼钢业中，这些弱点——那些使炼钢业的经济成果低于其产业和生产过程理论潜力的各种因素可能是，例如，在现代炼钢技术中，只为了要淬火3次而要造成高温3次，而制造温度，不论是热还是冷，都是最费钱的事。在电气设备企业中，弱点之一可能是，公用事业的顾客习惯于个别地设计每一台涡轮发电机，把它看成是一种独特的产品而不看成是一种由大量标准规格的零件装配起来的产品。另一个弱点可能是，公用事业的顾客习惯于在货币市场利率低的时候订购涡轮机，从而使得需求和生产日程产生波动，这些波动造成很高的成本。如果两种习惯能予以改变，大型涡轮发电机的成本可能降低40%到50%。再举一个例子，在人寿保险业中，一个基本的弱点可能是个别推销的成本太高。克服这个弱点并使人寿保险企业较能充分发挥其潜力的一种途径可能是，或者采用统计销售法用以代替成本高的人工销售法，或者使销售渠道的内容更为丰富，例如，出售金融机构的凭证（包括所有其他各种投资凭证，如投资信托公司的凭证）而不是只出售人寿保险单。

我们举出这些例子是为了表明，即使是一项较小的变革也不一定容易实现。事实上，我们可能不知道怎样去实现它，可是，它仍是一种较小的变革，因为，即使这种变革实现了，企业基本上仍将维持原状，但在经济成果上将有所不同。这些例子虽然明确地表明，这些变革可能要求创新，但它们本身并不是创新，它们主要是对现有企业作一些修正。

同时，企业家精神是管理任务中固有的，企业家精神就是创建未来的企业，在这项任务中必然要创新。

创建未来的企业从下述信念出发，即未来的企业将会而且必然会不同于目前的企业，但它也必须从目前的企业出发。对未来企业的创建不可能是一种天才的灵机一动，它要求在目前作系统的分析和艰苦的、严格的工作，这就意味着目前在企业中从事经营工作的人要做这些工作。

工商企业中企业家精神的特殊任务是，使目前的企业能够创建未来，能够把自己创建成一个不同的企业。正在继续经营中的企业的企业家精神的这项特殊任务就是，使目前已经存在的，特别是目前已取得成功的企业在未来继续存在并取得成功。

人们可能会说，成功不会永远持续下去。不管怎样，企业总是由并非永久存在的人创建的，现存的最老的企业也只是最近几个世纪才创建的。

但是，一个工商企业必须超出个人或者一代人的生命期限而继续存在，以便对经济和社会作出其贡献。一个企业的持续是企业家的中心任务，而能否做到这点，可以说是对管理的最严格而明确的考验。

③管理人员的工作

这些任务和这些方面中的每一项都有着它自己的技巧、工具和要求，但从管理任务的总体来看，要求把它们都结合起来，而这又要求特殊的工作和特殊的工具。其工具就是管理，而其工作就是对管理人员进行管理。

任务是：取得经济上的成就；使工作富有活力并使职工有成就；处理对社会的影响和对社会的责任。在实现这些任务时，要对目前的需要和未来的需要加以平衡，这些是同一般公众的利益有关的大事。公众对管理人员如何去完成其任务是不关心的，或者只有很小的兴趣，它所关心的是经济成就，但是，管理人员必须关心完成其任务的手段。他们必须关心管理工作、管理人员的工作、管理人员所需的技巧以及管理人员的组织。

④管理任务提出的意义

如果一本论述管理的书不是从论述所要完成的任务开始，它就没有正确地理解管理。这种书把管理看成是一种独立自在的东西，而不是把它看成是达到一种目的的手段，它未能理解到，管理之所以存在，只是为了取得成就。它把管理看成是一种独立的存在，而事实上管理只是一种器官，其存在完全是由于它所提供的职能。重点必须放在管理的任务上。

从管理人员的工作或管理的组织着手讨论管理，像绝大多数论述管理的书所做的那样，是一种技术主义的态度，而且很快就会退化为官僚主义，而且，它甚至是贫乏的技术主义。因为，管理工作、管理职务、管理组织并不是绝对的东西，而是由所要完成的任务来决定和形成的。“结构取决于战略”，这句话是近20年来我们所获得的基本认识之一。如果不理解企业的使命、目标和战略，管理人员就不能进行管理，组织无法进行设计，管理工作也无法富有活力。

第二章

领导不同于管理

“领导的行为是不同的，要战胜障碍，实现远大的远景目标，就需要不时激发出非凡的力量，而某些激励和鼓励过程则能带来这种力量。激励和鼓动过程要达到激励效果，不是通过控制机制将人们往不正确的方向推，而是通过满足人们的基本需求来达到目的，即满足人们的成就感、归属感、自尊感，让他们觉得自己已经得到认可，能掌握自己的命运，实现自己的理想。”

——约翰·P·科特

领导既不神奇也不神秘

领导不同于管理，但其不同之处却并非如大多数人所想象的，领导既不神奇也不神秘，它与“超凡的个人魅力”以及其他所谓杰出的个人品格无关，它不是某些人的专利，它并不必然优于管理，同样，也不可能完全替代管理。

1. 领导与管理的共存

进一步而言，领导和管理构成同一过程中既相互区别又相互补充的两个体系，它们各有其自身的功能和特点，同时又都是当今经济条件下，组织取得成功所必不可少的组成部分。

成功的企业不会坐等领导者的到来，它们会主动地去寻求具有领导潜能的人，并将其置于适当的位置上以培育其领导能力。实际上，通过悉心的挑选、培育和鼓励，许多人都能在商务组织中担任领导的角色。

然而，当人们致力于改进组织的领导能力时应当记住，过强的领导辅之以过弱的管理同样不好，有时甚至还会更糟。组织所面临的真正难题在于如何将强有力的领导和强有力的管理结合起来并使其相互制衡。

当然，并非所有的人都既擅长领导又精通管理。有些人能够成为卓越的管理者却不能成为优秀的领导者；而另一些人则具有杰出的领导才能，但是，由于种种原因而不能成为强有力的管理者，成熟的公司对两种人同时并重，且力图将两种人纳入同一团队里。

然而，当安排人员进入到具体的工作角色时，这些公司恰恰忽略了近来的相关文献所谈到的，一个人不能同时既管理又领导。这些公司所追求的，是培育一种领导——管理者。而一旦他们认识到了管理与领导之间的基本区别，他们便能够将其高层人士培育成“双面手”。

2. 管理与领导的差别

管理是用于应对复杂性的。管理的实践和程序在很大程度上是对应于20世纪的一个最重要发展，即大型组织的出现而言的。如果缺乏良好的管理，复杂型组织必将趋于一团糟，进而直接危及到他们的生存；而有序的管理则会赋予组织的许多重要方面，诸如产品质量、收益等相应的秩序和连续性。

与此不同，领导则是相对于变革而言的。近些年来，领导之所以能够变得如此重要，部分原因在于，当今的经济更加富于竞争性，更加趋向于变化不定。日益迅猛的技术革新、日益增强的国际竞争、市场的放松管制、资本密集产业的生产能力过剩、不稳定的石油卡特尔、垃圾债券的冲击以及劳动力的变化等等，都是导致这种趋势的要素之一。而如此变化的结果就是，单纯地重复昨日所做之事或仅仅比昨天改善5%已经难以确保成功了。在新的环境下，变革日益成为维系生存、增强竞争力的必要条件，而更多的变革总是要求更强有力的领导。

看一看下面这个与战争相关的简单的类比。和平时期，军队自上而下，通常只要有好的组织和管理，并辅以集中于最高层的领导即可很好地存在；战争时期则不同，各个层级均需要强有力的领导。至今也没有人能够做到通过管理便使人们有效地投入战争，无疑，在战时，人们必须处于强有力的领导之下。

不同的功能（应对复杂性和应对变革）决定了管理行为和领导行为的不同特点。而每一体系都将涉及：决定去做什么；建立相应的人事网和关系网以完成相应的计划；确保上述人员确实做其应做的事。不同之处则在于，它们实现上述3项任务的方式各不相同。

对于复杂性的管理，首先，公司要进行计划和预算，即确立目标和远景规划（通常是为下月或下年），设计出为达到目标而进行的每一步骤，进而，分配资源以求最终完成既定计划。推动一个组织进行某一建设性变革的领导则不同，它要确立方向，即远景规划（通常是较久远的未来），以及为实现该规划而确立的变革战略。

然后，管理要通过进行组织和人员配备，即确立组织结构，设立相应职位，安排精干人员并与其进行相应沟通，授其相关职权，设立监测系统等等以求实现其计划。与此相对，领导则是与相关人员“结盟”，具体地说就是，与那些理解其规划并致力于实现其规划的、能够结盟的人进行沟通并结成联盟。

最后，管理要通过控制和问题的解决，即以正式或非正式的途径，如汇报、会议及其他方式监测过程和结果，确定偏差，计划并组织解决相关问题等以确保计划的完成。与此相对，领导则通过鼓舞和激励，即激发人们本能的但常常是被忽略的需要、价值观和情感（尽管障碍重重），来确保人们沿着正确的方向前进。

无疑，对于两种行为的进一步观察将帮助人们更加清楚地认识其具体技巧。

领导者都在做什么？

不在其位不谋其政，但在其位就一定要把位子上的事情做好！“领导”二字，绝不是张张嘴、动动手，指使他人那么简单。作为一名领导者，我们一定要明白，我们的工作本质是什么，我们都该做些什么。

1. 确立方向、计划和预算

既然领导的功能在于从事变革，那么，确立变革的方向就构成领导的基本点。

尽管人们往往将二者混淆，但是，确立方向向来不同于制定计划，包括制定长期计划。计划属管理的内容，具有演绎的性质，其目的不在于变革，而在于产生某种有序的结果；确立方向则更具有归纳性，领导者大范围地搜集信息以寻求那些有助于相关问题解释的模式、关系和联系。自然地，领导工作中方向确立部分并不产生计划，而是确立某种远景规划和战略，它们描述了一个商务实体、一项技术或一种公司文化在将来应是什么样子，并进而表明了能够达此目标的可行性方案。

绝大多数有关远景的讨论最终往往归于神秘主义。对此的解释则是，远景属神秘且命中注定的事，即使是天才也难以对其有所预测。然而实际的情况是，确立一种恰当的发展方向并不神秘，它是一种切实的、有时又充满激情的信息搜集和加工过程。预测此种远景的人不是预言家，而是勇于冒险的富有广博知识的战略思想家。

远景规划和战略也并非一定是伟大的创新，事实上，最好的一些常常就不是。通常，合理的远景规划看起来是极其普通的，其所包含的内容也是广为人知的，想法的具体组合或具体模式可能有所创新，但有时也不是。

举个例子。当首席执行官简·卡尔森（Jan Carlzon）宣称他的长期目标是，要把斯堪的纳维亚航空系统（SAS）建成世界上最好的、为商务旅行者服务的航空体系时，他所说的实际上并没有什么是能让业内人士感到惊奇的。商务人士的旅行较其他目标客户更有规律性，同时也更乐于支付较高的费用。从而，关注商界客户将有望为航空公司提供更高的收益、更稳定的客源以及更可观的增长。然而，作为一个人们早已了解的官僚且不关注远景的行业而言，从没有哪家公司将这些简单的道理加以分析整理并致力于这样做。SAS这样做了，于是它们成功了。

有关远景规划，最重要的不在于它的出发点如何，而在于它是否能很好地为其选民——消费者、股东以及雇员等服务，是否能顺利地转换成现实的、富于竞争力的战略。不好的远景规划倾向于忽略民众的合法权益，比如说，将雇员本身置于消费者或股东之上；或者从战略的角度来说是无效的。如果有哪一家公司，尽管从未战胜过其绩效不佳的竞争者，却忽然宣称要成为行业老大，那么这就是白日做梦而非远景规划。

管理能力强而领导能力弱的公司最常犯的一个错误就是，将远景规划视为医治缺乏方向性，缺乏适应日趋动荡、竞争日趋激烈的商业环境能力的灵丹妙药。然而令人遗憾的是，这一对待“方向确立”的态度是错误的，因而也是无效的。

长期规划总是要耗费时间的。无论何时，只要有未预见到的事情发生，计划就不得不做出相应的修改。而在目前的这种动态的商务环境中，不可预测已经成为了一种常态，从而，长期规划则很有可能变成某种沉重的负担。这也正是为什么绝大多数成功的公司要限制其行为的时间范围之原因所在。事实上，甚至有人将长期规划视为矛盾的本身。

如果公司没有发展的方向，那么，即使是短期规划也能成为吞噬其时间和能量的巨大黑洞。在缺乏用以约束或指导计划制定的远景规划及战略的前提下，对待每一种可能发生的情况便都需要相应的计划，那么，在这种情况下，计划将变得无休无止，从而耗干组织本来可做他用的时间和精力；同时，也难以为组织提供其急需的明确的方向意识，从而一段时期以后，管理者无可避免地将对此挑三拣四，而计划的制定也可能就此退化成高度政治性的游戏。

当计划不是作为方向确立的替代物，而是作为其补充时，计划的效果往往是最好的。一项补充计划的实施是对组织所确立方向的实用的、现实的检验。与此同时，富有竞争力的方向的确立过程又可使计划的实施做到有的放矢，它能够确认哪些计划是重要的，哪些计划是无关紧要的。

2. 结盟、组织和配备人员

现代组织的中心特点在于内部的相互依赖性，在那里没有人能够绝对地自行其是，绝大多数的雇员由于自身的工作、技术、管理体系以及层级关系等因素而相互联系在一起。当组织意欲进行某种变革时，这种联结便对其构成了某种特殊的挑战。除非众多的个体团结一致朝着同一目标前进，否则将统统失败。对于那些过多地接受了管理教育而较少受到领导教育的首席执行官而言，促使人们朝着同一方向前进是一个组织问题。然而事实上，此时首席执行官所需的并不是如何组织雇员，他们需要的是与众人结盟。

管理者通过“组织”，建立那些能够如其所期望、精确而有效地完成相关计划的人际体系。通常而言，这将涉及一系列潜在的、负责的决策。公司必须选择一种具体工作的分工结构以及信息传递结构；为其配备合适的人员；提供必要的岗位培训；与具体工作人员进行相应的沟通；决定如何授权以及向谁授权。同时，为确保计划的完成，一定的经济激励和适当的监测系统也构成其必要条件。这些组织性问题的判断在很大程度上类似于建筑行业的决定，仿佛是在既定的框架中安装什么一样。

结盟则完全不同，它更是一种沟通的挑战而非设计问题。首先，结盟不可避免地要比组织更多地与众多个体沟通。这里的目标群不仅包括管理者的下属，而且还包括他们的老板、同行，组织的其他员工、供给者、政府官员甚至消费者。任何有助或有碍于规划及战略实施的人都将被包括在内。

与组织过程中完成某一短期的计划不同，要使人们理解某一全新远景规划的努力所面临的，同样是沟通的难题。这就好像在橄榄球比赛间歇时，教练指导球员如何进行下几步的比赛，不同于他告诫球员们在下半个赛季中应以何种姿态参赛一样。

无论是利用大量的说辞还是简练的语句，各种信息都不会因其能够被理解便被必然地接受。与此同时，这一过程中另一重大的难题在于其可信性——能否使人们相信这一信息。有许多因素会影响到信息的可信性，如：信息传递者的个人履历、信息本身的内涵、沟通者的口碑以及说辞与现实是否一致等等。

最后，结盟将会导致组织过程中极少涉及的授权问题。许多组织难于适应市场或技术快速变化的原因之一就在于，组织中存在许多感到自己相对无权的人。他们从以往的经验中认识到，即使是他们准确地意识到了外部的变化并主动地给予了恰当的回应，也非常可能受到不喜欢其所作所为的上级的训斥，形式自然是多种多样，诸如：“那样是违背政策的”、“我们难以对付它”、“闭嘴，做你应该做的去”，如此等等。结盟的方式至少可以两种形式的授权来解决这一问题：

（1）当公司上下对某一目标达成共识后，基层雇员的主动有所作为不会招致前面所说的同等程度的打击。既然雇员的行为符合公司的总体目标，那么，其上级便难于以此来指责他们。

（2）既然公司中所有的人都致力于同一目标，那么就减少了个体的主动行为同他人发生矛盾时受阻的可能性。

3. 激励他人与控制和解决问题

既然变革是与领导的功能相对，那么在领导的过程中，有能力促使极富活力的行为的出现，对于解决变革过程中不可避免的障碍就显得十分重要了。既然方向的确立明确了组织前进的适当途径，有效的结盟促使人们沿着这一途径前进，那么成功的激励就将确保人们拥有足够的精力去面对困难。管理通过强行地将人们置于正确的方向来实现其控制；领导则通过满足人们的基本需要来实现激励。

按照管理的逻辑，控制机制将系统的行为与计划相对照，一旦发现问题便立即采取行动。举个例子，在一个管理良好的工厂，上述即意味着计划过程确立了精细的质量目标，组织过程建立了能够完成此目标的组织结构，然后控制过程确保一旦质量出现偏差便会立即（请注意，不是30天或60天后）得到纠正。

由于控制在管理过程中所处的极端中心的地位，决定了激励或鼓励行为在管理过程中的无意义。管理过程必须尽可能地远离不安全和冒险，由此决定其不可能依靠超常或艰苦的活动来达到目的。其所建体制和结构的全部宗旨就在于帮助正常的人们日复一日地以正常的手段成功地完成常规的任务。它既不激动人心也不富丽壮观，但这就是管理。

领导则不同，对远大目标的追求总是要求能量的瞬时爆发，不同于控制机制那样强行地将人们置于正确的轨道之上，鼓舞和激励通过满足人们对于成就感、归属感、认知感、自尊、把握自我命运，以及不辜负生命等的需求，来激发人们的潜能。无疑，上述情感是如此地打动人心，从而必将激发起强有力的回应。

好的领导者懂得以不同的方式去激励他人。首先，他们总是以强调听众（对方）价值的方式来描述组织的目标，这样，就使得工作相对于对方来说变得重要了。同时，领导者定期地使其他人参与到有关组织如何达到目标（或针对特殊群体具有特殊意义的部分）的决策制定中来。无疑，这种做法将给人以某种控制意识。另一重要的激励技巧是，通过培训、反馈以及角色模拟等来支持人们加强对于组织目标的了解，这样做的同时也提高了人们的专业能力，强化了人们的自尊。最后，好的领导者能够及时意识并表彰成功者。人们知道，这样做不仅会给人以成就感，同时，也将使人们感受到组织的关心。综合所有这些做法，其最终的结果，将使工作本身成为一种内在的激励。

商业环境越趋于动荡，领导者就越需要激励人们去担当领导。而一旦这种做法真的付诸实施，便趋向于在组织上下再产生出更多的领导意识，从而人们在组织的各个层次中担当起诸多的领导角色。这是极其有价值的，因为，在任何复杂的商务环境中应付变化都要求大多数人的主动意识，除此之外别无他法。

自然地，众多的领导意志未必一定能和谐地融于一体；相反地，它们极易产生矛盾。那么，为了使众多的领导角色能够团结一致，就必须要求有不同于传统管理的、能够审慎协调人们行为的机制的存在。

强有力的以非正式关系构成的关系网（在拥有健康企业文化的组织中所发现的），能够以一种非常类似于组织的正式层级所使用的协调管理方法来协调领导行为。两者间关键的一点区别在于，非正式的关系网能够处理更多的有关非常规行为和变化的协调问题。大量的沟通渠道以及由此而来的个体间的信任感，使各种妥协和适应成为可能。一旦有矛盾产生，这些关系便会发挥作用从而使矛盾得到解决，而其中最重要的，也许就在于通过这种对话和妥协，使得彼此之间以一种联系和相容代替了可能的疏远和竞争。所有这些都要求比管理协调有更大量的沟通，同时，与正式的层级结构的做法不同，这一切全部通过非正式的关系网来完成。

自然地，每一公司上下都会有某种形式的非正式的关系存在。然而通常来说，这种关系不是过于软弱（有些人之间存在着良好的接触，而大部分人之间没有这种关系），就是过于分散化——在营销团队或研发机构可能分别都有着强有力的关系网，但两个组织之间就不存在这种关系。如此的关系网是难以支持我们前面所说的多极领导模式的良好运行的。事实上，强大的非正式关系网是如此的重要，以至于一旦缺乏，就会使如何建立它们成为各种领导工作首要考虑的问题。

4. 创建领导文化

尽管相对于商务活动的成功与否而言，领导的重要性日渐显著，但事实上绝大多数员工的在岗经历却似乎正在削弱着这种发展。无疑，有许多公司已经长久地显示了其将员工培育成重要的领导——管理者的能力，然而，吸纳富有领导潜质的人（进入领导层）仅仅是事情的第一步，同样重要的还在于管理其职业结构。在重大的领导角色上卓有成效的个体，往往都有着丰富的职业经历。尽管领导的重要性日渐增长，然而绝大多数人员的在岗经历却似乎正在削弱着他们的这一能力。

也许，对于领导者而言，最为印象深刻，同时也是最重要的就是在其工作早期所经历的重大挑战。领导者们几乎都曾有过类似的经历：二三十岁时便力图担当领导，渴望冒险，并且都从成功和失败中取得过经验和教训。上述经历对于培养广泛的领导技巧和洞察力似乎至为关键，同时，它也使人们了解到领导的困难所在及其推动变革的潜力。培育领导者的方法之一在于为年轻的雇员提供面对挑战的机会。

经历了早期的工作后，拓宽视野就变得同等重要起来。那些能够在重要的岗位上进行有效领导的人，总是有机会在其从事这一工作之前，冲破绝大多数管理者常有的狭隘。通常，这是横向的职位变化或是在工作早期被委以范围极广的工作任务的自然结果。有时，也存在其他的机会，如派以某种特殊的任务，或者长期的全面管理等。无论出于何种原因，通过上述方式得来的广博知识，都将有助于领导行为的各个方面。事实上，无论公司内外的关系网其作用也都在于此，而一旦众多员工均能获得上述机会，由此产生的联系必将有助于建立强大的多极领导模式所必需的非正式关系网。

在培育领导者方面优于一般水平的公司，往往强调为较年轻的员工提供迎接挑战的机会。为此，在许多组织中，分权成为关键。通过强行规定，他们将责任更多地分散于基层，并在这一过程中为基层创造更多的面临挑战的机会。像强生公司、3M 公司、Hewlett—Packard 公司、通用电气公司以及许多其他的知名大公司都曾成功地使用过这一方法。在它们中间，有许多在自己的组织内部尽可能地设立众多的小型单位，这样，组织中就有着大量的既富于挑战性，又功能全面的管理的工作机会。

有时，这些企业还通过强调新产品或服务的增长而提供更多的富于挑战性的机会。如多年以来，3M 公司一直奉行这样一种政策，那就是在公司的年收益中，至少要有 25% 应来自近 5 年来开发的产品。无疑，这样的政策必将激励新的、小规模的冒险行为，而这反过来又能够为富于领导潜质的年轻人提供更多的机会。

上述实践本身即会为人们提供中小型的领导职位，而若要为更加重要的领导职位培养人才，则还需要其在较高层的职位上进行磨炼。这样，就要求高层管理者去寻找有潜质的人才，并明确他们需要哪方面的培训。执行官们彼此间还应对他们的暂时性决定进行讨论，从而得出更加准确的答案。

在明确谁具有领导潜能及其需要哪方面的培训之后，首席执行官们便会为其进行设计，有时，这会成为正式的连续计划或长期发展进程的有机组成部分，但在大多数情况下，它们都以非正式的形式出现，而无论哪一种情况，明智地估价每一候选人适当的、现实的发展机会都是至为关键的。使“领导中心论”的文化制度化是各种有关提倡、重视和培育领导者的做法中最为彻底的一种。为了鼓励管理者都参与到这些活动中来，好的组织趋向于承认并奖励在这一方面的成绩突出者，不过，它很难成为正式的补偿或奖励的一部分。原因很简单，就在于这种成绩难以被精确地衡量出来，但是，它可以作为提升，尤其是高级职位提升的考察因素，从而其重要性就被大大地体现出来了。一旦能否培养领导者构成其是否能被提升的条件之一，那么，即使是那些认为领导是不能被培养的人也会找出办法来发现新的领导者。

上述战略有利于创造一种重视领导并力图创造领导者的公司文化的产生，正是由于人们需要在主宰当今世界的复杂组织中有更多的人行使领导职能，因此，人们也需要更多的人去创造有助于培育领导者的公司文化，从而使这一文化制度化就成为所有相关的做法中最为彻底的一种。

确定方向、与雇员结盟、激励的实例

一个企业要发展、要壮大，必须讲究一定策略。作为企业管理者，首先我们要为企业确立一个正确的方向，在企业的运营中，对于雇员的凝聚、激励，更是需要大力关注的环节。

1. 确立方向：劳·格斯特纳在美国快递

当劳·格斯特纳（Lou Gerstner）于1979年担任美国快递旅游相关服务分部（TRS）的总裁时，该部门正面临着自美国快递创建130年来最严峻的挑战，其时，有数以百计的银行正在或计划发行与美国快递卡相竞争的维萨卡或万事达卡，同时，还有数十家金融服务公司即将开展旅行支票业务。在一个成熟的市场，这种竞争的加强通常都会减少边际收益，抑制利润的增长。

然而，劳·格斯特纳并不这样想。在加盟美国快递之前，他为TRS做了5年的顾问，其间，对效益减损和信用卡业务竞争日趋激烈的原因进行了分析，格斯特纳及其团队成员深入研究了有关经济、市场以及竞争的基本问题。在这一过程中，格斯特纳开始了为TRS设立远景目标（一个丝毫不像是已在成熟的市场中拥有130余年历史的企业的目标）的工作。

格斯特纳认为，尽管存在着来自数千家银行的维萨卡和万事达卡的竞争，TRS依然拥有成为生机勃勃且快速成长的企业的潜质。当前，问题的关键在于公司应集中精力于国际市场，尤其是要集中于那些美国快递一向为之提供高档服务、相对富裕的客户阶层。通过对市场的进一步细分，格斯特纳相信，通过大刀阔斧地开发一系列的新产品和服务，以及通过投资以扩大生产能力和降低成本，TRS能够为那些有能力购买更多TRS产品的客户提供最优质的服务。

在上任后的一周内，格斯特纳召集了信用卡部门的人员，并向其询问了他们所有有关经营的各种原则，他向其中的已被广为接受的两点提出了有针对性的挑战：

（1）该分部仅应拥有一种产品，即“绿卡”；

（2）这一产品增长和创新的前景是有限的。

与此同时，格斯特纳还迅速地发展了更富企业家精神的公司文化，聘用并培育那些有潜质的人，向其明确阐述公司的总体发展方向。格斯特纳与公司的其他高层领导奖励明智的冒险，为了便于企业家精神的发挥，他们对不必要的官僚作风予以限制，同时，提高了聘用人员的标准，并引入了 TRS 渐进管理程序，该程序为具有高潜质的年轻员工提供特殊的培训、丰富阅历的机会以及更多非常规的与高层管理者接触的途径。为了鼓励冒险，格斯特纳还引入了所谓“伟大的表演者”运动，用以承认并奖励那些真正杰出的客户服务——组织目标的中心信条。

上述措施很快地为企业开辟了新的市场、产品和服务，TRS 极大地拓展了海外市场的占有率。到 1988 年，美国快递卡的发行币种达到了 29 种（10 年以前只有 11 种）。TRS 同时还极大地拓展了两个以前很少注意的细分市场：大学生和妇女。1981 年，TRS 将信用卡业务与公司的旅游服务能力进行整合，为客户提供监测与控制费用的全面服务。到 1988 年，美国快递已成为美国的第五大直邮商。

上面所谈及的新产品和服务还包括：购买 Amax 卡所连带的所有产品的 90 天保险，美国快递白金卡和 Optima 可循环信用卡。1988 年，公司又将注意力转向了账单签单技术，开发出了更方便消费者的月度表并降低了 25% 的签单成本。

作为这些创新的结果，TRS 的纯收入在 1978 年至 1987 年 10 年间增长了 500%，年均为 18%。公司的发展超过了许多所谓的高科技或高增长企业，如果以 1988 年的收益增长 28% 计算，它也超过了低增长但高收益的企业。

2. 与雇员结盟：查克．特罗布里奇与鲍伯·克兰德尔在柯达公司

伊士曼—柯达公司于20世纪70年代早期进入衰退行业，致力于平均销价在60000美元左右的高技术含量的复印机生产。到了下一个10年，这项业务的年收入已达近亿元。而恰在此时，公司却陷于生产成本高、利润难求、问题成堆的困境。1984年，柯达公司不得不注销了4000万美元的存货。

绝大多数员工都清楚公司存在着问题，但对于如何解决问题，彼此间却很难达成协议。这种情况下，出任公司于1984年设立的复印机新产品部总经理的查克·特罗布里奇（Chuck Trombridge）在其上任的前两个月里，会晤了部门内部几乎所有的关键人物，以及公司内对复印业务关系重大的其他部门人员，其中之一就是鲍伯·克兰德尔（Bob Grandall）——对复印业务至关重要的设计和制造部门的主管。

特罗布里奇和克兰德尔对于设计和制造部的远景目标是单纯的：具备世界级水准、少一点官僚、多一些分权。然而，它很难被贯彻下去，因为，它与以往的观念（不仅在复印机产品部，而是包括全公司）相差太远了。于是，克兰德尔建立了诸多的机制以强调新的目标并努力与人们依此结盟：每周围绕自己的12份报告开会，每月开设由其部门不同成员参加的“复印机产品论坛”，对近期的改进和新设计进行讨论以期取得更好的结果，每季举行“部门情况”会议，届时，各部门主管将与部门内每一位员工面谈。

每月一次，克兰德尔与向其汇报者将会见 80 ~ 100 名部门内员工，探讨任何他们乐于讨论的事。为了与其最大的供货者——柯达仪器分部（其用以设计和制造部件的 1/3 由该分部供给）结盟，克兰德尔及其经理们每周四与该部门的高级管理层共进午餐。近期，他还创立了“商务会议”制度，其间，他的经理们将就某一特定话题，如存货或中心计划等会见 12 ~ 20 人。其目标在于，使属下的 1500 名员工每年至少有一次能参加上述接触的机会。

特罗布里奇的这项工作中则包含着书面的内容。一份 4 ~ 8 页厚的《复印机产品杂志》将每月一次送达雇员手中，其中，一个被称之为“对话”的栏目为每位雇员提供了向克兰德尔及其高层经理提出任何问题并保证得到回答的机会。在书面对话中，最具可见性和最为有力度的，则是那些图表。在靠近咖啡馆的一个主大厅里，与各个艰难的目标相对照的有关每一产品的质量、成本及运输问题的图表悬挂其内，另有 100 份缩小的这种图表挂满生产区的各个部分，用以向特定的员工群体汇报有关的质量水平和成本状况。

6 个月乃至 1 年以后，这一加紧结盟的结果渐渐地显示出来。所有上述举措使公司的目标显得更加可信，进而团结了更多的人参与其中。1984 ~ 1988 年，一个主要产品生产线的质量几乎提高了 100%，每单位产品的缺陷率由原来的 30% 降到了 0.3%。3 年后，另一产品线的成本下降了 24%，运输计划的产品由 1985 年的82%升至1987年的95%。在1984～1988年，存货下降了50%多，且产出量依旧在增长。而公司的生产能力以每单位制造工人计算，1985～1988年也翻了一番多。

3. 激励：理查德·尼古拉斯在宝洁公司

宝洁公司于1956年创立20多年以来，其纸制品分部由于产品具有完美的质量、合理的价格以及良好的市场销路，而极少遭遇真正的竞争。然而好景不长，到20世纪70年代末，该分部的市场地位发生了变化，强有力的竞争极大地损害了其既存利益。据行业分析估测，宝洁一次性纸尿布的市场占有率从70年代中期的75%，下降到了1984年的52%。

这年，也就是在宝洁小型而发展迅速的软饮料行当里工作了3年之后，理查德·尼古拉斯（Richard Nicolas）作为联系总裁来到纸制品分部。在这里，他看到了一个官僚之风盛行、集权程度极高的组织，其内部职能的目标和各种项目统统带有上述特点。几乎所有有关消费者的信息都要经过层层的市场调研，技术人员强调成本的节约，而营销人员则强调数量和份额，为此，双方几近于战争状态。

1984年仲夏，宝洁公司的高级管理层宣布，尼古拉斯将于本年10月担任纸制品分部的主管，而自8月份起，他便将以非正式的身份主持该部门的工作。自上任之日起，尼古拉斯便立即开始强调本部门应更加富于生气、更加趋向于市场驱动，而非仅仅成为一个低成本的生产者。尼古拉斯后来解释道："我必须使大家明白，游戏规则已经发生了变化。"

新的发展方向在极大程度上强调团队精神和多极领导，推行对本部门及其产品实行集体管理的战略。10 月，他和他的团队将自己设计成纸制品分部的董事会，并举行开始时每月一次，后来每周一次的会议。11 月，他们建立了项目团队以管理那些主要的品牌产品（如尿布、纸巾、餐巾等），并将权责下放。“不谈增值”，尼古拉斯强调道，“我们要成为最好的。”

到 12 月，尼古拉斯开始有选择地使自己参与到某些特定项目的细节中去，他会见广告代理，认识重要的富于创造力的人士；让尿布的营销经理直接向他本人汇报，而不必通过众多的层级；与参与新产品开发的人进行更多的交谈，等等。

1985 年 1 月，董事会宣布了新的组织结构，它不仅包括项目团队，还包括新品牌业务团队。这年春天，董事会已经为一次重大的激励活动，向尽可能多的人宣传纸制品分部的新的远景目标做好了准备。1985 年 4 月 4 日，所有辛辛那提的纸制品方面的员工、地区销售经理和纸品工厂的经理共千余人聚集地区共济会，尼古拉斯及其董事会成员宣布了组织的目标：“我们中的每个人都是领导。”不仅如此，会议还被制成录像带，经加工后送至所有的销售部门和工厂以供传看。

上述所有措施创立了一个有助于发扬企业家精神的大环境，在那里，人们受到鼓励以了解新的远景目标，组织中绝大多数的创新来源于与新产品相关的人。于 1985 年 2 月上市的 Ultra Pamper，其市场占有率由原来的 40% 上升至 58%，利润率亦由原来的收支平衡点变为正数，而于 1987 年 5 月新上市的 Luvs Delux

（拉维斯德拉克斯）在数月之内，其市场占有率就提高了150%。

其他雇员的主动性更偏向于职能部门，有些则是来自于组织的最基层。1986年春，在新的企业文化中受到鼓舞的一些部门的秘书们，发展出了一种秘书网络，这一组织建立了有关培训、奖励与认知以及“秘书的未来”等的小组委员会。作为对诸多同行的情绪的一种回应，纸制品部的一位秘书说道：“我看不出为什么我们就不能为部门的新目标作出应有的贡献。”

1988年底，纸制品分部的年收入在4年之内上升了40%，利润上升了68%，而所有这些都是在竞争日益激烈的环境下发生的。

领导才能是天生的，还是后天造就的？

今天大家都认为管理才能主要是从学校或工作中学到的，而要传授领导能力则困难得多，但对领导能力的起源尚未达成定论。有人认为是基因和早年的生活经历造就了领袖人物，有人认为是后期的生活阅历起着重要作用。确实，多年来很少有问题能像“领导才能是天生的，还是后天造就的”这样引起如此热烈的争论。

人们不能肯定而明确地说出领导才能的根源，然而评估一下人们在这方面的知识状况会有重大意义，因为要加强一个企业组织的领导，必须适当考虑遗传和童年对领袖人物的影响。考虑越周到，人们为加强企业领导而做出的努力就会越成功。

总经理们采取的措施和做法差异甚大，但也存在根本的相似之处，工作极为出色的人之间尤为如此。具体来说，他们会制定自己的日程安排，包括一系列联系松散的短期计划、中期战略和长期目标；他们配备人员，建立工作责任体系，与相关人员进行交流，让他们了解支持远景目标，并与他们建立起广泛的合作关系，从而形成完成日程所需的人员网络；必要时他们会采取多种方式，如尽力控制人员和活动的局势，或竭力鼓励他人取得更大进步，积极对网络中的人员施加影响，保证日程计划的完成。总而言之，建立人力网络的行为极为复杂，这与对总经理工作进行的另外一些深入研究后得出的结论一致，且与传统的管理行为相差甚远。

这些总经理的职责是集管理、领导和其他方面于一身。其他方面主要指开发权力之源，便于他们进行管理、领导，并获得提升，但管理、领导和其他方面的行为又紧密缠绕。一个人不可能前 15 分钟行使管理职责，后 30 分钟进行领导工作；相反，在单纯 5 分钟的谈话中，他可能会了解一下活动是否照计划进行（管理行为中的控制过程），收集与正在成型的远景目标有关的信息（领导行为中经营方向的拟定过程），答应帮某人的忙（发展权力的一个方面），并赞同实现某一目标的系列步骤（管理行为的计划部分）。只要稍稍分析一下他们如何能完成这一切，就会发现很多相关的重要个人性格特点，其中很多个性有助于他们从事领导工作。例如，他们中绝大多数人擅长并爱好参与多种群体活动，在生意场上交游甚广，这有助于他们收集信息，在领导过程中确定经营方向，并在激励鼓动过程中强调正确的方向。

总经理们具有的共同特点有近1/3可追根溯源到遗传或早期生活经历，一个典型例子是超常智力，超常智力对复杂环境中领导行为的方向拟定过程尤为重要。其他共同点则明显与长大以后的经历有关，典型例子是良好的工作履历和建立起的可信度，这有助于从事领导过程中的联盟工作。

1. **动力**

或许成年之前就已形成的最明显的特点之一是魄力、野心和精力。那要在“L”角色（“L”在这里是英语单词“large”的首写字母，意为“大的，重要的公司”）中领导有力的人总是具有超常、通常是非凡的精力，他们精力旺盛地完成重大任务，并鼓励带动他人。这种内在的旺盛精力往往来于较高的个人要求，他们不满足于现状，力求继续取得更大发展（日本人称之为“Kaizen”）。具有旺盛的内在动力，渴望求得发展，获得成功，这是领导人物必不可少的特征。原因极简单，工作中的领导行为必然令人疲惫不堪，且工作时间长，需解决的重大问题多，要花多年的持续努力才能实现领导行为要求的种种变革。很难想象，如不具备如此强大的内在动力，又如何能持续长时间超负荷地工作，处理出现的种种问题。

成年后的经历也可能影响精力。人们读李·艾柯卡（Lee Iacocca）的第一本书，肯定会感觉到，他的部分动力来自被亨利·

福特第二炒了鱿鱼后所受的刺激，这件事使克莱斯勒公司一举成功。但大多数情况下对大多数人而言，内在的激励在人生的早期即已形成，如格斯特纳孩提或青年时期时认识他的人就时常赞扬他的决心和干劲。基因遗传是一个因素，但孩子与母亲、父亲以及其他亲近的人之间的关系也起着重大作用。

2. 智力

第二个特征是某种形式的智力。目前智力的本质引起了很多争议，因而人们只知道，在重要职位上显示出卓越领导才能的人虽往往不是天才，但他们的某种基本智力超出常人。智能对经营方向的拟定至关重要。众所周知，要吸收大量不同信息，找出信息间的相互联系，是一项颇具难度、相当复杂的艰巨任务。

这一品质的形成无疑是童年所受教育的结果，但从生物角度看，也受遗传和胎儿照料的影响。

3. 心理健康

另一个共同点是精神和心理健康。优秀的管理人才几乎没有心理负担，即使偶有自恋、偏执现象或高度的不安全感，那也为时很少。因而他与世界，尤其与人进行联系时，不会形成曲解，不会遇到麻烦。从某种意义上讲，具备健康的心理是发展参与群体活动的基础。失去了这种基础或基础太薄弱，群体活动的参与能力极难在后天形成。

心理健康在领导过程的 3 个方面都很有用，因为它们都非常注重与他人的联系，在激励鼓动群众时尤为重要，因为需要准确把握他人的情感和价值观。心理健康对经营方向的拟定非常关键，要求不带有任何歪曲偏见。纵观历史，很多了不起的领袖人物都由于感情用事而造成千古遗恨。心理健康在一定程度上可从生物学角度进行解释，精神变态是由化学物质不平衡引起的，因而与遗传有关；但心理健康也受早期生活经历的影响，弗洛伊德的著作首次阐述了童年的某些经历如何形成固定的神经防御模式，并持续终生。

4. 正直

领袖人物的另一个重要品质是正直，其重要性至少可用两条原因进行说明。很多人特别善于判断一个人是否看重他们、关心他们的幸福，他们只消观察他的所作所为及产生的影响即可。如一个人的诚实遭到他人的怀疑，则难以联盟他人，别人不会相信他的话，不愿服从其领导。

正直也有助于确定好的经营方向，对富于闯劲儿的人尤其如此。野心勃勃、干劲儿十足却缺少正直感的人，也能选定经营方向并进行变革，获得成就和辉煌，但他们最终逃脱不了失败的厄运，因为他们不愿满足支持者的合法要求。非凡的闯劲儿有其不好的一面，缺少正直则可能使领导行为走入邪路。

正直受一个人成年后主要经历的影响，但与其他 3 个品质一样，其形成也可追溯到早期生活经历。一个人童年时接触的重要成年人——母亲、父亲、甚至小学老师所持有或表达出的价值观念，会对其产生难以估量的影响。

归纳起来，这 4 个特征——动力、智力、心理健康和正直，或许表达法稍有不同，是对重要职位的领导行为的最低要求。其中一种品质更为突出并不意味着某个人具备更强的领导能力，这4种品质都只需达到一定水平之上即可，具有双倍智能或更健康的心理的人不一定能发挥更大的领导才能，但若4种品质中某种未能达到最低水平，就会削弱领导行为的效果。

从失败和错误中学习

人们在成年后确会发生变化，特别是在处理复杂任务和情况的能力方面有很大变化。大致来说，某次具体的经历即使有影响亦不大，但一二十年经历积累的影响则极为显著，对领导才能的培养尤其如此。

要做好领导工作，仅有智力、干劲、正直和健康的心理远远不够。要确定有效经营方向，需具备相关行业的丰富知识，懂得制定正确企业战略的要素，需甘冒风险而泰然自若；要联系群众，需具备多种沟通技巧，了解不同的沟通对象群体的心理，具有良好的工作关系和个人履历，从而树立起可信度；激励工作要求从根本上理解人性，洞察具体工作对象的核心价值观，并有一定的同情心。这一切品质，至少从某种程度讲，是童年之后发展形成的。在相对重要的位置上很好地发挥领导才能的人，常具有共同的经历，这对上述品质的形成至关重要。

最典型、最重要的经历可能在于早期事业中遇到的真正挑战。优秀的领导者在二三十岁时，总有机会去领导、去冒险，从成功和失败中学到东西。这对学会广泛的领导技巧、开拓眼界非常有用，同时还让他们知道领导任务的难度和引起变革的潜力，懂得仅有管理才华还不能适应不断变化的环境，洞察到自己在领导方面有限的力量及弱点。

1. 案例——从失败和错误中学习

反面典型具有同等重要的教育意义。有时，领导不力带来的惨痛教训特别震撼人心。例如，玫琳·凯多年来反复说到她曾从领导能力低下的老板那儿吸取到很多领导方面的教训。她记得有一次，她和其他57个销售人员一道，用了10天时间坐汽车在德克萨斯和马萨诸塞州之间来回绕了一圈，从家乡到总部，这次旅行是作为对这些销售指导的奖励。这是一次难受的旅程，车出了好几次故障，但这些人愿意忍受。她现在告诉别人："所有这些忍受都是为了这次美丽如彩虹般的活动的高潮——到公司总裁家做客并与总裁会面。然而到了之后却安排我们参观工厂，现在的工厂确实可以是一个非常有趣、非常好的地方——我们的工厂就是这样。但当时我到那里是要见总裁，我们最终应邀到了总裁家里，但只允许我们在他的玫瑰园中穿行，甚至没有机会见到总裁本人。多么令人失望！不用说，对我们58个人而言，坐汽车回德克萨斯的旅途多么漫长、多么安静。"

另外一次，玫琳·凯参加了全天的销售讨论会，她急切地希望与发表了令人振奋的讲话的销售经理握手。列队等候3个小时后，终于轮到她了。"他甚至没有看看我，"她说，"相反，他从我的肩上望过去，看后面还有多长的队列，他甚至没有意识到他正在与我握手。虽然我知道他有多累，但我也累，我已在那里等了3个小时，与他一样累！我有一种受伤被冒犯的感觉，因为他对待我的方式似乎我并不存在。我当场暗暗发誓，有朝一日我成了人们列队等候与之握手的人物，我会将全部注意力给予站在我面前的人，无论我有多累！”

这些领袖人物在他们早期生涯中，都遇到过或好或坏的榜样，有过富于挑战性的经历。后来，他们经历了一些同样重要的事情，拓宽了他们的视野。那些在重要职位上表现出高超领导才能的人，在他们担任这些重要职位之前，几乎都有机会得到发展，从而超越大部分管理职业共有的局限，这通常应归功于横向的职业发展或很早即被提升担任职责很广的工作。有时其他渠道也很有用：参与特殊的特别工作组工作，或参加较长时间的总体管理课程。无论何种情况，以这种方式拓宽的知识面在领导行为的各方面大有裨益。

2. 建立培养领导人才的组织模式

在很多公司从事管理工作的人员眼界和理解力相当狭窄，比较反对冒险，交流能力弱，不易看到他人的价值，对竞争战略了解甚少，可信度不高，很会在预算上玩弄花招，却不知道如何庆祝下面取得的真实成绩。他们在管理方面较为称职（不是非常称职），却一点儿也不能胜任领导工作。

其原因主要由管理工作的特点引起。首先，这些职业要从集权化、专门化的等级干起，即从范围较窄、注重策略的工作干起。尤其在大公司里，人们年复一年地从事这类工作，尽管他们已得到多次提升，因而，他们学会处理短期的而不是长期的问题，长于策略而弱于战略，擅长专门的职能工作而不精于总的经营领导。

与此相关，很多公司人员的提升都是纵向式的，范围狭窄，如由低级会计升为会计，再提为高级会计，可能再升为助理会计长。因而，此类成功人士的知识和关系基础通常极为狭窄，他们只了解公司的某个部门以及一部分职员，他们的可信度也非常有限，他们的同类人可能认识并尊重他们，但其他多数人不会如此。

才华出众、雄心勃勃的人在这种狭窄的等级体系中得到极为快速的提升，10 到 15 年内得到 10 次提升不足为奇。这些人每 12 到 18 个月变换一次工作，很少有机会深入了解情况，永远不能看到他们的行为产生的更长期结果。这种职业模式中出来的人常注重短期结果，形成主观操纵管理方式，别人对他们的业绩履历持相当的怀疑态度。

管理职业的一个特点在不少企业组织中危害性最大——人们常常仅仅因为短期效果而受奖励，这样他们就会过分注重产生效果的过程——管理，野心勃勃的年轻人尤其如此，所以他们在管理方面学到了不少东西，而对领导艺术了解甚少；既然发展其他人的领导潜力也非短期行为，高级经理们受这种奖励体制的影响，不愿在这方面投入时间。这一切综合起来，将是灾难性的结果。

总而言之，这种职业模式的目的是要在10到20年内将有才能的人培养成经理，尽管不是特别出色的经理。其中最为成功的人40或50岁时能从事需要一定领导能力的工作，他们的职位也将他们推向这个方向。但即使对最才华横溢的人而言，领导能力的发展速度也有一定限度。

现在，这种职业模式在众多的企业组织中盛行，人们甚至认为它是不可避免的，然而，事实并非如此。例如，百事可乐公司有很多具备良好实际工作经历的人员，恩里克仅是其中一位。他们在这类公司里的经历往往是采取某种做法，在一定意义上系统地创造出更多的职业，这一点远远胜过大多数企业组织。公司以这种方式培养了相当数量的人员，他们能在将来担任起难度很大的领导工作，应付将来的挑战。

一个企业须有自己的文化

所有在人员和经营目的方面具有一定最低限度持续性的公司最终都形成了既适合于整个企业组织，又适合于不同分部的企业文化。这些文化可以具有浓厚的氛围，正如在道（Dow）公司、壳牌（Shell）公司、IBM公司的企业文化中一样，许多人共享某些价值观念，并信奉表现那些价值观念的类似的经营之道。无论是浓厚还是淡薄的文化氛围都会影响一个企业组织有效领导的程度，有时能产生极有力的影响。

企业文化的重要性至少体现在三个不同的方面。

(1) 它能影响总经理们是否去挖掘并发展具有领导潜力的人才；

(2) 它决定了公司是否鼓励具有领导才能的人发挥领导作用；

(3) 它甚至有助于确定一家公司是否具备非正规关系网络，以凝聚各方面的领导积极性满足企业发展的需要。

例如，对15家在吸引并发展具有领导潜力的人才方面表现出色并享有盛名的公司进行了一次研究，了解公司在这方面采取的措施与做法。研究表明，企业文化确实是这些做法的重要支持力量。在高级经理人员的访谈中，这一因素一次又一次地得以体现。

3M公司一位总经理如此说道："首先，我们感到我们有义务去拓展人们的能力，我们也正是那样做的。不这样想的人，例如德行低下、只顾自己的人，在这儿不可能干得好。我们冒险起用人才，并极力拓展他们，我们不介意给他们一个机会，即便他们才刚刚到这里创业。企业文化支持这种冒险，即使未能奏效，我们也不会将他们一棍子打死。这儿的环境亦相当开明，就像一个大家庭一般。正因如此，为了自身的发展需要跨部门或科室调动是比较容易的。在这样的环境中，年轻人可以毫无拘束地找本部门外的高级经理们谈论将来可能出现的工作机会问题。我知道我们的企业文化已帮助我们造就了过去的繁荣，我们正努力自觉地对之以保持和更新。”

西特公司（CITI CORP）的一位总经理说道：“这儿的经理们不会考虑去试图雇用二流水平的人，尽一切努力寻找最好人选的想法深深地植根于此。高级总经理对这一方面亦要亲自过问，如果一个单位没有雇到好的人员，他们将找出其中的原因。再者，你在这儿待过一阵子后便会知道，为了获得成功，你必须雇用和发展好的人员。我能想出许多经理，他们很有才能，但在这里并未干好。他们的部分问题便是没有在他们的下面建立起一支强有力的职员队伍，没有走出去找到好的人员加以拓展。而这些他们未能做到的方面，目前我们这儿正在做。”摩根担保公司的一位经理这样谈到同类事情：“我们以团队为导向的企业文化，不容许人们玩政治游戏，诸如将他们年轻能干的雇员隐瞒起来之类的事情，对这类人，大家将群起而攻之。它（指企业文化）亦使为了发展需要而进行的部门调动容易得多。我们器重有广泛群众基础的人，并且有塑造此类人的传统。”

企业文化除了对招用和发展具有领导潜能的人产生影响外，它亦能影响雇员，决定他们是否尽力发挥领导作用。一些企业文化看重冒险、交流、庆祝以及适应性的变革，而另一些企业文化却不看重这些方面，这两种情况下的企业文化作用差异很大。

很多有杰出成就的领导人物其最初的许多举措都旨在创造一种鼓励领导才能得以发挥的企业文化。他们认识到仅凭他们自身的所作所为是远远不够的，要在竞争激烈的商战中赢得胜利，就需要在企业组织的各个层次都具有精明能干的领袖人物。他们亦知道在他们的公司里有一些具有领导能力的人，也许还有很多这样的人，但是要创造出一个鼓励这些人发挥领导才能的环境，却是一个挑战。他们亦明白领导才能的发挥可能导致多方面的冲突，如果没有共同的价值观念和协作精神，不同领导的各种创见可能就难以聚集起来。因此，他们力图发展的企业文化是不仅看重领导才能的发挥，而且还鼓励共同拥有一个远景目标，并在老板、下属、同事中间建立良好的工作关系。在很大程度上，他们成功了。

数字公司的达拉斯和他的集体不必建立一种新的企业文化，他们已经具备了一种有用的企业文化。熟知公司的人描述它时的用词是：无拘无束、如网络般、人尽其才、富于创业精神、不独断专横、诚实正直。这种企业文化对激励数字计算机展览活动中的人员施展领导才能，并使沿着相容的方向发展起到了重大作用。如果没有这种企业文化，无论个人是多么富有天赋，都很难想象可以获得这样的成功。

一定类型的企业文化，在帮助产生有效领导方面的力量无疑十分巨大。

有些人意识到领导作用的重要性，且也认识到如今领导作用甚为缺少，但他们不相信领导作用的扩大是切实可行的，这类人还为数不少。就这些人而言，他们认为确定企业的经营方向、联合群众、激励众人这类活动仅限于一些出类拔萃的人所为。只要采取措施仔细挑选培养人才、激励群众，众多的人都能在同一企业组织中发挥其重要的领导作用，关键在于要有浓厚的企业文化。

尽管领导与管理在功能、方法和结构上存在一些差异，从而形成一定的潜在冲突，但是合适的企业文化能够对两者都加以培育，有助于成百上千的人创造出企业组织预计的短期效果，同时具有长期的灵活性以适应变幻莫测的环境。

在任何情况下，要建立一种能创造强有力的领导和管理的企业文化，可能很不容易。在一些机构庞大、历史久远的企业组织中，如果它们还未具有正确的远景目标和价值观念，要建立起企业文化可能是一项极为艰巨的任务，而要将企业文化制度化，从而不会因倡导者的离去而导致文化的瓦解，这一工作则更为艰难。达到这一目的需要娴熟的技巧、执著的追求和非凡的勇气。但一旦成功，回报也是巨大的：长期的经济效益，向雇员提供工作生涯中的高品质生活，向客户提供10年以上的承诺货物和服务，以及对社会的整体效益等。

危机时刻最能体现领导的作用，因为适应变化无常的环境需要卓越的领导才能。如今许多公司在面临重大危机时，其反应即便不是糟糕透顶，也显得茫然不知所措。由于缺乏远景目标，这些公司不能有效地组织雇员朝远景目标奋斗，或是无力激励人们实现目标，他们在危机压力下要么不能有效运转，要么采取一些于人于己都不利的举措。此时具有正确领导的企业组织便脱颖而出。

建立一种具备强有力领导和管理的企业文化，这意味着至关重要的是要提出远景目标，确定需要形成的企业文化；意味着起到别人所期望的明显模范作用；意味着帮助人们理解领导行为的含义，领导行为为什么重要，解释领导与管理的区别，以及如何建立正确的领导；意味着向人们提供施展领导和管理才能的机会；意味着努力提供与所需企业文化一致的资源和热情；也意味着对成功加以认可和奖励。简言之，意味着在企业文化的形成方面起领导作用。

领导与文化正如管理与结构（或体制）一样密切相关，建立一种有用的企业文化需要强有力的领导。同时只有通过一定种类的企业文化，企业组织上下才能发现卓越的领导人才。人们显然需要更多人能向主宰当今世界的复杂企业组织提供领导才能，人们同样迫切地需要更多人努力发展有利于创造领导才能的企业文化。就某种意义来说，以领导为中心的企业文化制度化是领导行为的终极目的。

领导者不能忽略系统的力量

学习型组织的建立需要对领导有新的看法。当小组成员奉献于开发一项截然不同的新产品的愿景后，最后竟然只花了平时1/3的时间就推出上市。这是因为，一旦产品的愿景和如何开发被具体化之后，小组就开始以一种不寻常的方式进行工作，他们的活力和热忱似乎可以触摸得到。每个人都觉得自己对于整体的发展负有责任，而非只顾做好自己分内的工作。大家突然变得对于新的想法非常开放，阻碍进展的技术问题也都获得解决。

但是出现新问题了。在组织当中，普遍的领导风格是传统式的——给予员工明确的方向，率领大家一起工作，追求共同目标。然而团体的领导者逐渐发现，过去使他成为有效领导者的技能和行为，现在可能产生反效果，因为奉献于自己愿景的人，自然会抗拒领导者命令他们奉献。当团体有了一个学习如何共同学习的明确愿景时，便能够自我引导，领导者变得好像没什么事可做了。

人们对领导者的传统看法是，将他们看作是特殊及杰出的人物，他们设定方向、做重大决策和激励旗下人员。这样的观念深植在一种个人化的和非系统的世界观之中。尤其在西方，领导者被视为英雄以及发生危机时挺身而出的伟人。只要这些思想继续风行，以个人魅力或短期模式来解决问题的倾向便会加强，而忽略系统的力量和集体的学习。这种对领导的传统看法，是来自假设大家都有无力感——缺乏个人愿景，认为自己没有能力改变所处的环境，只有少数伟大的领导者才有能力补救这些缺憾。

1. 为组织注入活力

在学习型组织中，新的领导者所专注的是更奥妙、更为重要的工作。在学习型组织之中，领导者是设计师、仆人和教师，他们负责建立一种组织，能够让其他人不断增进了解复杂性、理清愿景和改善共同心智模式的能力，也就是领导者要对组织的学习负责。

这项新的看法至为重要。在该说的、该做的，都说了和做了之后，除非所有人能有努力不懈建立这种组织的“行愿”，否则学习型组织依然只是一个良好的构想，是一个迷人但是遥远的愿景。能够有这样的愿景是领导应有的第一项行动，它也是为学习型组织的愿景注入生命的起点；如果缺乏这样的愿景，各项学习修炼只是工具和技术的堆砌，只是解决问题的手段，而不是在创造真正的新事物。

2. 领导者是设计师

如果把组织想象成一艘邮轮，而你是这艘船的“领导者”，你的角色是什么？最常听到的回答是“船长”，还有人说是“设定方向的领航员”，也有人说是“实际控制方向的舵手”，或“在甲板下面添加火力的工程师”，或“团体的组织者，使每一个人都支持、参与和沟通”。自然这些都是一般的领导者角色，但还有另一个重要的角色，却很少有人想到它。

这个被忽略的领导角色就是轮船的设计师。设计师的影响力是无与伦比的。如果船长下令向右转舵30°，而设计师所设计的舵只会向左转，或花6个小时才完成转舵，船长能发挥他的功能吗？如果组织的设计不良，担任这个组织的领导者必将徒劳无功。尽管轮船设计师的角色如此重要，但是很少有管理者在思考领导者的角色时想到这点。

今天，虽然领导者的设计师角色被人忽视，然而几千年前的哲人便曾对领导者的角色给予了精辟的诠释。老子说，不好的领导者，会被人们瞧不起；好的领导者，会赢得人们的称颂；伟大的领导者，是让大家在事情完成时说：“是我们自己完成这件事情的。”（太上，下有知之；其次，亲而誉之；其次，畏之；其次，侮之。信不足焉，有不信焉。悠兮其贵言。功成、事遂，百姓皆曰：“我自然。”）

老子也阐明了为什么设计师在有关领导的观念中被忽视的部分原因：设计师的贡献很少受到肯定。设计是一项幕后功能，不容易看到。今天出现的结果，是过去长期工作的结果；而今天的工作带来的利益，要到长远的未来才能显现出来。一心想要掌控大局或博取声名，或单纯想要“位居行动中心”的人，这种默默的设计工作，对他们没有什么吸引力。然而这也并不是说幕后设计型的领导工作没有回报。他的回报来自于使他人有力量和能力做好工作，以及身处一个能够让大家创造真正想要的结果的组织所带来的深深满足感。事实上，他们发现这些回报所具有的意义，比传统的领导者得到的权力和称颂更为深远。

这里有一个角色，可说明系统思考在领导者工作之中的角色。乔安是某企业中一个成长迅速的新事业部门总裁，她看出一个“成长上限”的结构将使该部门的成长受阻：经理的人数持续增加，管理风格也因此开始有偏差，过去使该部门成功的愿景与价值观因而减弱。解决这个问题的关键在于，该部门是否有能力“同化”新任经理？乔安并不等到问题发生时才处理，她设计了一套选择和自我评量的程序，帮助各新任经理了解当前的愿景和价值观，以明了自己的风格是否与之相配。她花费许多时间和新任经理一起做这件事情，结果该部门因而能够继续成长。按照人们通常认为“领导者是英雄”的看法来说，她所做的事情并不是领导。事实上她并没有解决任何一项危机或问题。价值观和愿景不一致的问题根本还没有发生，问题并不是被“解决”了，而是被“化除”了，这便是有效设计的结果。

领导者也可以是其他角色

在管理过程中，领导者一定要为自己做好定位，不能单一地以“主宰者”自居，而应根据不同的情况，随时改变自身的角色，使自己最大限度地融入到员工中去。

1. 领导者是教师

赫门米勒家具公司已退休的总裁帝普雷说：“领导者首要的责任是界定真实情况。”人们已清楚地认识到，领导者是由“自己是仆人”的意识中，获得源源不绝的希望和精神食粮，许多领导者确实可以使力的杠杆点，在于协助人们对于真实情况能有更正确、更深入和更能产生力量的看法。

在大多数的组织中，成员所认知的“真实”指的是必须承受的压力、必须应对的危机以及必须接受的限制。依照这样的真实定义方式，愿景最多不过是一个不着边际的梦，最坏不过是一个受人嘲讽的幻觉，却不是一个可以达成的目标。反观画家、作曲家、雕刻家，他们不都是在各种限制（例如表达的工具加诸于他们的限制）之中从事创造吗？如果真实中没有任何限制，使一个人在弹指之间愿景成真，那就没有所谓的创造过程了。然而，领导者应如何帮助众生，像艺术家那样把真实情况当成一种创造的媒介，而非限制的来源？这便是“领导者是教师”的工作。

领导者能够在 4 个层次影响人们对真实情况的看法：事件、

行为变化形态（趋势）、系统（整体结构）和使命故事。这时的关键问题是，领导者自己及其对组织的焦点应在哪里？

现今的机构领导者大多把焦点放在事件和行为变化形态上面，这是为什么当代的组织绝大多数只是反应，或顶多是顺应，而很少有所开创的原因。

学习型组织的领导者兼顾这4个层次，但焦点主要放在使命和系统结构这两个层次上面。并且他们“教导”组织中所有的人也都这样做。

系统结构属于系统思考和心智模式的领域。在这个层次，领导者不断帮助人们看清更大的图像：

（1）组织中各个不同部分如何相互作用；

（2）不同位置的个体，如何因其背后具有共同的结构而发生相似的问题；

（3）局部的行动者如何产生远比自己通常认为的还要长期而广泛的影响；

（4）何以需要某些系统整体的营运政策。系统结构的层次虽然重要，但是它自身欠缺一种目的意识，所能处理的是“如何”，而非“为何”。

领导者借着把焦点放在使命故事，对于这个组织为什么存在以及将迈向何处的更大的理由，可以添加另一层意义。他们提供哲学上所称的“目的论的解释”（teleological explanation）——了解人们想要变成怎样。当组织中人人都具有大于个人的目的意识，共同的使命感会把他们连成一体。他们具有其他方式无法做到的那种认同感和连续感。

2. 说故事的艺术

具有整合使命故事与系统结构才能的领导者很少见，这无疑是学习型组织仍然罕见的主要原因。

葛尔（Bill Gore）是一位具有这种天分的领导者。他是葛尔合伙公司（葛尔化纤和其他人造纤维的制造厂商）的创办人，并长期担任总裁。他并不是一位特别有魅力的演说家，但他擅长一种特别的说故事艺术：将组织核心价值观、使命和营运政策与结构整合而成的故事。葛尔对于自己的组织高度平等的文化非常引以为傲，他们没有“员工”，只有“合伙人”，每个人都握有股份，也都参与管理。

他在一次谈话中解释该公司在控制之下成长的政策：“我们的限制不在财务资源，而在于能够引进新合伙人的速度。但是依照我们的经验，如果我们尝试以每年高于25%的比率引进新合伙人，我们就无法动弹；每年25%的成长是真实的限制。如果采用权威式的组织，你能够做到远高于此的成绩。我们合伙人之一的伊丝回家把这限制因素告诉她先生。她的先生是一位天文学家和数学家，在罗威尔天文台工作。他说：‘这是个很有趣的数字。’他拿出纸和笔来计算，然后说：‘你相不相信，在57年半之内，世界上的每一个人都将在葛尔的公司工作？’”通过这个简单的故事，葛尔解释限制成长率这项基本政策背后的道理，这项政策无疑会为组织造成很大的压力。他重申该公司为合伙人创造一种绝佳环境的承诺，并阐明该公司即使有所牺牲，也要忠于愿景：“如果采用的是权威式的，而不是平等主义的组织，你能够做到远高于此的成绩（从成长率的角度来看）。”故事最后这部分告诉人们，该公司虽然自己设下了成长的限制，仍然是一家“成长”的公司，这是他们愿景的另一个面向。

3. 看清及面对现实

领导者的教师角色，教的并不是如何形成愿景，而是如何促进每一个人学习。这样的领导者帮助组织的每一个人培养对于系统的了解能力。而其中“忠于真相”是帮助领导者达成此项责任的不二法门。有些有领导天赋的领袖常因不能忠于真相，而尝到身败名裂的苦果。约翰逊（Johnson）初任美国总统的时候，尽管美国刚发生了肯尼迪被刺杀的悲剧，他的“大社会”（Great Society）方案仍赢得举国支持。约翰逊擅长争取国会的支持，他一次一件，很有耐心地请众议院通过他所提的法案，在总数 91 件法案之中，被众议院否决的只有两件，这样的成果确实惊人。在面对群众时，他赢取大众支持的能力也一样惊人。历史学家曼彻斯特（William Manchester）说：“他的目标曾经是国家的目标。”但是约翰逊领导的结局却令人失望，部分便是因为约翰逊未能坚持忠于真相的原则。当他被告以美国负担不起同时推动大社会与参加越战时，他开始有计划地隐瞒战争的花费。曼彻斯特说，他告诉顾问：“如果我告诉众议院战争的花费有多少，他们将坐在那里，一面亲切地感谢我，一面把我的大社会退还给我。”渐渐地，约翰逊开始使自己与批评隔绝，甚至不再听取顾问的建言，没多久许多阁员相继辞职。最后，约翰逊成套的谎言还是纸包不住火，产生 1965 年纽约《前锋论坛报》所称的“信用差距”，他的领导信用之低，使他在 1968 年无法竞选连任。

领导者因未能忠于真相而失败，从希腊神话中的俄狄浦斯

(Oedipus)到现代，在历史、神话以及企业家的故事中，这样的例子不胜枚举。许多领导者是被自己的愿景所击垮的。发生这种情形，几乎总是因为领导者失去了看清目前真实情况的能力，他们虚构个人及组织的希望，以缓和焦虑不安和规避不确定的事情，假装一切平安无事。他们变成演说家，而不再是领导者；变成自己愿景盲从的信仰者，而不再是学习者。

4. 以创造性张力重振组织

能将设计师、仆人和教师3个角色都扮演好的领导者，对他们核心工作的看法非常简单。然而必须切记的是，领导者的创造性张力并不是焦虑——那是一种心理上的张力。领导者的方向必须是由使命故事、目的意识、价值观和愿景建立而成。由于他严格要求自己忠于真相，以及不断深入探寻影响目前状况背后的那些力量，使愿景与现况的差距更加显著。领导者借此创造并管理这项创造性张力，不仅个人如此，整个组织也如此。这是领导者如何为组织注入活力的方式。

当整个组织精熟于运用创造性张力，对于真实情况的看法将大为不同。大家会开始看到真实情况的各种可能面貌，而将现况看做在他们通力合作下能够加以影响的事情；这不是指设法相信自己很有力量的那种空泛的“信念”，它是一种领悟，根源于体认现况的每一个面向，包括事件、变化的形态，甚至于系统结构本身，都可以通过创造性张力予以影响。

第三章

合格的管理者会自找缺陷

亨利·明茨伯格始终是一个非常引人注目的人物，他是最具原创性的管理大师，又是管理学界的“叛逆者”。明茨伯格一直都以他在管理领域所提出的大胆、创新和颇具开拓精神的观点而为人所瞩目，他的思想非常独特，人们按常规思路往往不太容易接受，也正因为此，他获得了“管理领域伟大的离经叛道者”的头衔。作为一个管理者，想在管理领域做出一番作为，首先要会从自己身上找出缺陷，然后及时改正。

工作方法一成不变

某公司老总提拔了两位年轻管理者A经理和B经理，他们都是刚从技术工作提升到技术管理职位的。A经理觉得责任重大，技术进步日新月异，部门中又有许多技术问题没解决，很有紧迫感，每天刻苦学习相关知识，钻研技术文件，加班加点解决技术问题。他认为，问题的关键在于，他是否能向下属证明自己在技术方面的出色。

B经理也认识到技术的重要性和自己部门的不足，因此他花很多的时间向下属介绍自己的经验和知识；当他们遇到问题，他也帮忙一起解决，并积极地和相关部门联系和协调。

3个月后，A经理和B经理都非常好地解决了部门的技术问题，而且A经理似乎更突出。但半年后，A经理发现问题越来越多，自己越来越忙，而下属似乎并不满意，于是觉得很委屈；B经理却得到了下属的拥戴，部门士气高昂，以前的问题都解决了，还创造了一些新发明。

对优秀的管理者而言，真正意义上的成功必然是团队的成功。脱离团队去追求个人的成功，这样的成功即使得到了，往往也是变味和苦涩的，长此以往，会对公司有害。因此，一个优秀的管理者决不是个人的勇猛直前、孤军深入，而是带领下属共同前进。

以上所提到的有关管理者的素质模型，是适用于任何性质和规模的企业，而最基础者，也是每个管理者所必须拥有的素质——专业知识与技能，则每个企业有不同的标准和要求。

掌握所需的专业知识与技能，是从事管理类工作的基本要求。它是发挥管理者的素质作用的基础，包括在对未来进行预测的基础上制定有挑战性的目标；有效地培养人才；在下属和团队中树立影响与权威等。每个管理者可以根据不同的行业性质、自身需求，进行有针对性的专业知识与技能的学习与积累，包括财务知识、行业知识、专业知识、产品知识、商务经营管理知识，以及一些行业的相关法律、规定和规则方面的知识。

新经济的兴起使得知识精英有机会走上管理者的位置，然而，要想做一个成功的管理者，仅具备高超的技术水平是远远不够的，还需要在许多其他方面加以修炼。

技术人才如何成为成功的管理者的六个要诀：

1. 学习沟通技巧

一位公司总裁指出："我们碰到最棘手，但又是最基本的问题，就是大部分的科技专才需要学习与人相处的技巧。"良好的人际关系是做好管理工作的基础，意欲走上管理岗位的技术人才，必须在这方面下大功夫。

2. 拓展知识领域

科技专家善于从技术角度来看待问题，这导致他们有时缺乏把握全局的战略眼光。学习一些心理学课程或参加 MBA 进修班等，拓展自己的知识领域，能极大地弥补技术人才在管理方面的不足。

3. 善于展现自己

许多科技专家经常拥有一些绝佳想法，但可惜的是，他们在展示想法时，不是让人感到无聊，就是引不起听众的兴趣。学习一些展示自己的技巧非常实用，而这也是管理者所应该具备的素质。

4. 多听专家建议

优秀的前辈和专家，在企业的运营、管理等许多方面都具有丰富的经验。如果一个技术人才想要走上管理者的位置，多听从他们的建议，必定会受益匪浅。

5. 平时积极磨炼

对技术人才来说，在工作中乐于承担责任，能很好地锻炼自己的领导能力，并为事业的发展打下基础。比如，负责一些新方案的实施，或主动分担上司的工作等，都是很好的锻炼机会。

6. 充分了解自己

并非每个人都适合当管理者，了解自己，发挥专长，成为资深科技专家，同样能达到事业的顶峰。

缺乏行为感召力

一个团体汇集了来自五湖四海、四面八方的人，作为管理者，你想过没有：这些性情各异的人为何会聚集在你的周围，听你指挥，为你效劳？

俗话说："浇树要浇根，带人要带心。"管理者必须摸清下属内心的愿望和需求，并予以适当的满足，才可能让众人追随你。如果一个管理者没有一定的人格魅力，不能产生行为感召力，员工不可能心悦诚服，真心跟从他。下面是专家的分析，将大多数职员的共同需求总结出来，领导者一定要谙熟于心。

1. **大多数职员的共同需求**

（1）做同样的工作，拿同样的钱。大多数员工都希望他们工作能得到公平的报偿，同样的工作得同样的报酬。员工不满的是别人做同类或同样的工作，却拿更多的钱，他们希望自己的收入符合正常的水平。偏离准则是令人恼火的，很可能引起员工的不满。

（2）被看成是一个"人物"。员工希望自己在伙伴的眼里显得很重要。他们希望自己的出色工作能得到承认，所以领导者鼓励几句、拍拍肩膀或增加工资，都能有助于满足员工的这种需要。

（3）步步高升的机会。多数员工都希望在工作中有晋升的机会，向前发展是至关重要的，没有前途的工作会使员工产生不满，最终可能导致辞职。除了有提升机会外，员工还希望工作有保障，对于身为一家之主并要抚养几口人的员工来讲，情况更是这样。

（4）在舒适的地方从事有趣的工作。许多员工把这一点排在许多要素的前列。员工大都希望有一个安全、清洁和舒适的工作环境，但是，如果员工对工作不感兴趣，那么，再舒适的工作场所也无济于事。当然，不同的工作对各个员工有不同的吸引力，一样东西对这个人是馅饼，对另一个人可能是毒药，因此，你应该认真负责地为你的员工选择和安排工作。

（5）被你的“大家庭”所接受。员工谋求社会的承认和同事的认可，如果得不到这些，他们的士气就可能低落而缺乏效率，使工作效率受到损害。员工们不仅需感到自己归属于员工群体，而且还需要感到自己归属于公司这个整体，是公司整体的一部分。所有的员工都希望得到公司的赏识，甚至需要他们一起来讨论工作，讨论可能出现的变动或某种新的工作方法。不是小道儿消息，而是直接从领导阶层那里得到这样的消息，这将使员工感到他们是公司整体的一部分。

（6）领导者可别是“窝囊废”。所有的员工都需要值得信赖的领导者，他们愿意为那些了解他们的职责、能作出正确决策和行为公正无私的人工作，而不希望碰上一个“窝囊废”来当他的上司主管。

不同的员工对这些需要和愿望的侧重有所不同。作为领导者，你应该认识到这类的个人需要，认识到员工对这类需要有不同的侧重。对某位员工来说，晋升的机会或许最重要，而对另一位员工来说，工作保障可能是第一位。

鉴别个人的需要对你来说并非易事，所以要警觉到这一点。员工嘴上说想要什么，与他们实际上想要什么可能是两回事。例如，他们可能声称对工资不满意，但他们真正的需要却是要得到其他员工的承认。为了处理好人际关系，你应该了解这些需要，并尽可能去创造能满足员工大部分需要的条件。为此而努力的领导者会与他的员工相处得很好，使得上下一心，有效地、协调一致地进行工作。

2. **激发员工热情干劲的六种途径：**

作为管理者，仅仅了解职员的内心愿望还不够，不要以为多发奖金、多说好话就能调动员工的积极性。人是一种很复杂的动物，要让他们为你卖命工作，需要你施展更细微的手段。有几个方法可以让下属的需求获得充分满足，同时又能激发他们的热情和干劲，提高工作效率。

（1）向他们描绘远景。管理者要让下属了解工作计划的全貌，以及看到他们自己努力的成果。员工越了解公司目标，对公司的向心力越高，也会更愿意充实自己，以配合公司的发展需要，所以管理者要清楚自己在讲什么，不要把事实和意见混淆。不断给员工提供与工作有关的公司重大信息。

（2）授予他们权力。授予不仅仅是封官任命，领导者在向下属分派工作时，也要授予他们权力，否则就不算授予。所以，要协助被授权者清除心理障碍，让他们觉得自己是在“独挑大梁”，肩负着一项完整的职责。方法之一是让所有的相关人士知道被授权者的权责；另一个要点是，一旦授权之后，领导者就不再干涉。

（3）给他们好的评价。有些员工总是会抱怨说，领导者只有在员工出错的时候，才会注意到他们的存在。身为领导者，最好尽量公开赞美你的员工，至于负面批评可以私下再提。

（4）听他们诉苦。不要打断下属的汇报，不要急于下结论，不要随便诊断；除非对方要求，否则不要随便提供建议，以免流于“瞎指挥”。就算下属真的来找你商量工作，你的职责应该是协助下属发掘他的问题，所以，你只要提供信息和情绪上的支持，并避免说出类似像“你一向都做得不错，不要搞砸了”之类的话。

（5）奖励他们的成就。认可下属的努力和成就，不但可以提高工作效率和士气，同时也可以有效地建立其信心。

（6）提供必要的训练。支持员工参加职业培训，如参加进修课程，或公司付费的各种研讨会等，不但可提升下属士气，也可提供其必要的训练。教育训练会有助于减轻无聊的情绪，降低工作压力，提高员工的创造力。

3. 让部下乐意听命的方法：

在一次HR（人力资源）研讨会上，一位人力资源专家阐述他所归纳的管理“八要诀”，在这方面很具有启发性。这位人力资源专家认为，作为一个高明的管理者，要想有效地调动下属的工作热情并让部下乐意听命于你，其核心秘诀就在于激励下属的自信心。其具体方法有八种：

（1）要用建议的口吻来下达工作指令。用命令的口吻指挥部下做事，其效果总不如采取商量的语气好，因为多数人不喜欢被呼来唤去，尤其是知识分子。“你觉得这么做行吗？”“你是否能够尽快完成这项任务？”用这样建议性的指令方式，将会使部下不仅乐意听命于你，而且有一种被重视的感觉，从而格外认真地工作。

（2）给部下面子。平和宽容地待人，不损伤下属自尊，为部下树立良好形象，以心换心，他们会在工作中更加用心地支持你。

（3）经常夸奖部下。有目的、有针对性地夸奖某个下属，可以有效激励他人，使大家学有榜样，增强信心。

（4）有事多跟下属商量。任何一个成功的管理者，总是坚定地掌握这样一个处世准则与理念：组织的事就是大家的事。责任感是自信心的基础，民主协商会增强下属的责任感，让部下明确自己在一个集体中的位置与作用，他就会精神饱满地去创造业绩。

（5）提供机会、鼓励成功、宽恕失败。今天的失败者，或许就是明天辉煌的成功者，因为失败者也是教训的拥有者。管理者如果给部下一个成功的机会，他们就会将教训转化为成功的财富与资本。

（6）将下属名字常挂在嘴边。尤其是大公司，管理者应该要记住员工的名字，这会使下属得到一种特殊的心理满足和信任鼓励。

（7）给下属负荷重担。工作任务永远必须在能力之上。给部下施加压力、让其负起重担，本身就是一种信任和重托，这能唤起他们自我的崇高感、使命感和责任心，如此，员工将对工作全力以赴、一心一意。

（8）及时更新工作主题。挑战性的工作会激励部下全神贯注、引起新的兴奋点，使其智力与体力不断经受锻炼和考验，从而使其才干得到显著提高。工作上得心应手，下属内心自然会感激管理者对他的信任和栽培。

刚愎自用的心理

身为管理者，本身的确有一定才干，但是如果过于自满，则容易走向刚愎自用。刚愎自用是一种病态心理，这种病态心理能够让人迷失心智、思维简单、固执、守旧、教条主义，其显著的症状就是目中无人、唯我独尊；其次是死要面子、拒不纳言；再者是好大喜功、揽功诿过。这种病态心理的危害在很多时候是无法估量的。

这样的人自古以来比比皆是，在此不再一一列举。从这里我们不难看出“刚愎自用”是一种病态的心理，并且是一种很严重的病态心理，严重到使人身败名裂，严重到祸国殃民，严重到危及千万人的性命。

大凡“刚愎自用”的人，手中都有一定的权力，或者是某一领域小有名气的专家。在这些权力或领域内，他人要向其请示或报告工作，这也就是其刚愎自用的资本。

首先，我们看一下“刚愎自用”者的第一个症状——目中无人、唯我独尊。自高自大、自我欣赏、自我陶醉甚至自我崇拜，是这一症状的主要表现。

他们虽然没有整天喊着“我是天下第一”，也没有在自己的办公室里挂个条幅上书“我是天下第一”，但他们的所作所为，无不说明他们的目中无人、唯我独尊。在他们的语言里使用最多的词汇是“我哪有怎样”和“你错了”。

其次，我们再看一下这类人的第二个症状——死要面子、拒不纳言。前面说过了大凡“刚愎自用”者多是管理者（领导）和专家，所以他们很在乎自己的面子，自尊心都特别的强。如果有哪位敢“冒天下之大不韪”，指出其缺点和错误，或是在某事的处理上向其进谏，那么就将“死”期临近了。

因为对于这类人而言，下属劝谏就等于冒犯（特别是有他人在场的情况下），就是不服从领导。这类人一定会找个机会给劝谏者一双“小鞋”穿的，要不就在考核时给他个不及格，看他还敢不敢“太岁”头上动土。

最后，我们看一下“刚愎自用”者的第三个症状——好大喜功、揽功诿过。这类人最大的嗜好就是自我肯定、自我表彰，做出一点成绩就四处炫耀、沾沾自喜。所以对于这类人来说，溜须拍马者就是他的“甜果”，在其四周尽是奴颜婢膝、献媚取宠之辈，那些敢于直言者早已被打入“冷宫”了。

另外，这类人对自己的能力从不怀疑。自己的指导思想错了，是下属理解的错误；工作分配错了，是下属的配合不利；工作不能按时完成，是下属不积极工作；工作遗忘，是下属不能及时提醒。总之，这类人是不会认错的。这类人眼中的自己只有成绩，没有错误。成绩永远是自己的，错误永远是别人的，错误永远是下属的。

以上是对“刚愎自用”者最显著的几个症状的分析。总之，这类人永远是以“我”为中心。唯我独尊，老子天下第一；自己永远是对的，别人永远是错的；自己高高在上。有此症状的领导者或专家，如不能及时治疗，最终的结果只有一个，就是威严扫地、颜面丢尽、丢官罢职、为人所不耻。

如果你想成为优秀管理者，有所成就，就要避免以上的问题，杜绝刚愎自用的心理！

自身存在的管理思维盲点

在大中型企业里人才众多，在管理者队伍中更是藏龙卧虎。但是在这些“龙虎”中许多人却如蛇似虎地藏着卧着，未能形成龙吟虎啸的气势，他们的才能在很大程度上没有被发挥出来。

使“龙”藏而不腾、“虎”卧而不跃的原因有很多方面，客观的如体制、机制、上级有意无意地压制束缚等；主观的如自身的思想、方法、作风等。这里只从主观方面作分析。

凡事皆在人为，管理者尤其如此。据笔者观察，在许多情况下，如果一个很有潜力的中层领导管理者——主任、科长、处长、部长，及副主任、副科长、副处长、副部长等，本来可以大有作为却终于无所作为，或作为不大，与其过多地埋怨体制、机制和上层，不如更多地从自身去查找原因。正如费拉尔·凯普先生所说:“工作中是没有任何借口的，失败是没有任何借口的，人生也没有任何借口。”

1. “等靠思维定势”的盲点

从目前情形看，束缚管理者潜力发挥的主观因素，首推“等靠思维定势”。也许是在计划经济体制中生存、生活的时间较长，许多管理者的思想深处，形成了凡事等待上级指示、命令的思维习惯。上级怎么说就怎么做，上级说就做，上级不说就不做；上级说得细致具体，自己就做得细致具体，上级说得概括笼统，自己就做得概括笼统。

总之，一切都等着上级作指示，靠上级拿主意，害怕承担创造性思考和工作可能带来的风险和责任。久而久之，就逐步失去了自主思考、自主判断、自主行动的能力，在把自己变成上级手中的一个机械工具的同时，自己的思维因此也变得片面、静止、孤立和死板、僵化起来。

这种等靠思维定势，与计划经济体制的要求基本上是相适应的，但与市场经济体制的要求却极其不相符合。因为市场经济的复杂多变，要求思维方式的辩证性，要求观念与行动的以变应变，才能在竞争中胜出。

克服等靠思维定势，当然也要按照上级的指令办事，也要服从上级的指挥，但是这种服从不是机械式的服从，而是创造性的服从，是与本地区、本部门、本单位实际紧密结合的服从。其实，也唯有这样的服从才是真正的服从，是两个积极性都得以调动和发挥的服从。

对具有等靠思维定势的中层领导管理者来说，改变思路最迫切的任务，就是把一切都等靠上级的思路，变成自主发展的思路。我们不少管理者本身的知识和素质的基础是不错的，但由于受等靠思维束缚而变得静态、迟滞，有点像在圈中关久了的虎和笼中养久了的鹰，似乎已失却了奔跃和飞翔的能力。

他们一旦走出自己思想深处的等靠思维定势，脱离这个无形的精神之圈或思想牢宠，其积蓄的潜力就会爆发出来，知识就会转化为力量，个人素质就会发出光芒，书写其精彩的人生。

2. **盲目自信的盲点**

管理者自我束缚的因素之二是盲目自信。这种中层领导管理者一般比较有才气、有见解、有能力，因而他们也易于自我估计偏高，甚至有些自视清高而恃才傲物，看不起上级、看不起同级，更看不起下级。

由于看不起上级，就不愿下功夫学习、研究、领会上级的指示和意图；看不起下级，就不愿意深入群众去作调查研究，吸取群众的智慧；看不起同级，就不愿意与同级部门领导者作真诚的交流和沟通。这样一来，他们就会脱离领导、脱离群众、脱离管理层，而变得孤芳自赏、孤掌难鸣。

具有这种状态的中层领导管理者，往往会因一得之功和一孔之见而傲视群雄，更加高估自己的能力和作用，往往也会因自己有些意见不被采纳、支持、赞同而觉得被孤立，进而愤世嫉俗、更加目空一切，从而逐步演变为一个不受欢迎的“孤家寡人”，最终被冷落一边，徒生怀才不遇的人生感叹。

对有恃才傲物倾向的管理者来说，最重要是走出盲目自信的思维盲点。自信固然是人生成功的前提，但盲目自信却会走向成功的反面。孔子云：“三人行，必有吾师焉。”其实二人行亦必有吾师。寸有所长，尺有所短，人也是如此。

领导者之所以成为领导者，必有其所长；同级之所以与自己比肩而立，也必有其所能；群众也不能以等闲之辈视之，因为即便伟大如毛泽东者也深知：“群众是真正的英雄，而我们自己则往往是幼稚可笑的，不了解这一点，就不能得到起码的知识。”

一个人，如果缺乏知人之明（领导、同级、下级），那么一定缺乏自知之明。既不知人又不自知的自信，必然是盲目的、有害的。

对于较有才气的中层领导者而言，如果不是把这种才气作为自恃自闭的本钱，而是把这种才气作为进一步向领导者、同事、群众学习的悟性基础，作为解剖自我、认识自我的智慧武器，那么，盲目的自信就能转化为开放和自觉的自信。

海纳百川，有容乃大，有了这种开放而自觉的自信，你就会真正超越自我，进而超越领导者，获得领导者的广泛信任、支持；超越同事，获得同级的尊重和帮助；超越员工，获得员工的爱戴和拥护。由此获得才华成长和挥洒的更大空间，站在演绎人生豪迈的更大舞台之上。

3. 本位主义陷阱

管理者自我束缚的主观因素之三，是“本位主义陷阱”。中层领导管理者要种好自己一亩三分地的“责任田”，无疑是对的，但如果把眼光、胸怀、责任局限于此，则有很大的片面性。

中层之中具有多重性——不上不下、可上可下、亦上亦下。要看到，中层之中是可以转化的，对下是全局，对上是局部；对上是下级，对下是上级。这个全局与局部、上级与下级，其间的辩证法是生动而丰富、复杂而多变的。

《孙子兵法》云：“不谋全局者不足以谋一役。”《鬼谷子·符言》亦云：“以天下之目视之，则无不见；以天下之耳听之，则无不闻；以天下之心虑之，则无不知。”可见，真要种好自己的责任田，找对自己所在的地位和作用，必须要有全局观或大局观。有些管理者由于不关心全局，不参透上情，终年在责任田里忙碌却不能有好的收成。有些时候越努力，与上级、全局的要求却相距愈远，甚至相冲突，陷入忙忙碌碌的事务主义之中。

缺乏全局意识的中层领导者，易于陷入本位主义的泥潭，一切以本位利益、部门利益、地区利益为准则，并以这种局部的眼光和尺度去理解上级指示，去剪裁政策法规，结果不仅给全局工作造成混乱与麻烦，而且最终也损害了本部门、本单位的长远利益。彼得·杜拉克说过：“一个组织只能在其价值观内成长，一个企业的成长被所达到的价值观所限制。”

对于中层领导管理者及其所负责的组织、部门而言，其所能具备的全局价值观的深度和广度，是提升他们本人及其领导的组织，向上一级成长的强大拉力。在一次采访中，一位分公司的总经理向笔者介绍他这方面的体会，他说：“站在全局谋局部，是我本人和所在企业健康快速成长的强大引力。我自己的进步就是得益于，不是凡事只从本部门利益出发，而是把本部门的利益、发展，与全局和集团的利益、发展统一起来思考与处理。这使我受益匪浅。”

《圣经》说：“没有远见，人们就会灭亡。”管理学家说：“领导艺术就是远见。”对广大中层领导者或管理者而言，全局观或大局观本身也是一种远见，站在全局谋局部、站在整体谋部分，是一种重要的领导艺术。所谓“海阔凭鱼跃，天高任鸟飞”，这里的“阔”与“高”就是懂全局、识大体。只有这样，中层领导者或管理者才不会被自己的本位利益所限制或扼杀，才不会被本位主义思维空间“封顶”，阻碍自己人生事业成长的道路。

4. “越位恐惧”的盲点

束缚管理者的主观因素之四是“越位恐惧”。有些中层领导者尤其是担任副职的中层领导者，对自身所负职责的边界不清楚，或虽然清楚，却不敢使自己的管理幅度达到边界线。究其原因，就在于“越位恐惧”。

他们信奉“宁可不到位，也绝不能越位”。于是我们便发现，在许许多多的企业或单位里，由于众多副职们担心越位而使工作不到位，继而形成因领导与管理的不到位而出现缺位。此时，正职或上级见出现缺位，便自觉不自觉地去补位，从而造成正职或上级的“错位”。

由于上级或正职补到了下级或副职的位置上去，上级代行下级职责，正职代行副职的职责，这造成整个组织的领导管理水平下降一格半格不说，还使上级与下级或正职与副职均不在其位而谋其政，使得领导错位失职，管理失范混乱，组织效率效益大为降低，从而削弱了整个组织的生存发展能力或竞争力。

克服“越位恐惧”，除了作为上级或正职领导者，要正确认识和处理集权与分权、控制与放手的关系外，作为下级与副职者，首先需要增强工作的责任心。什么是工作？工作就是负责任。一个企业或单位之所以设置副职或下级领导，本身是工作责任的需要。如果因“越位恐惧”而使工作不到位、责任不到位，副职或下级领导职位的设置就失去了应有的作用和意义。

“越位恐惧”者的心里还有一层顾虑，是担心别人或上级说自己想争权夺利，想以工作不到边界之位而“留有余地”（余权余责）的方式，表明自己无二志或者无二心的“清白”和“不争”，其实，这是一种私心在作怪——不担心整个组织受损，而担心自己的个人名利受损。

事实上，真正争权于朝、争名于市的人，反而是没有这种“越位恐惧”心理的，因此，一切有责任心的中层领导者都应使工作尽职尽责，不要因忌讳别人的闲言碎语而使工作不到位。一般而言，工作职责到位并不会产生越位问题。相反，如果遇到上级或正职的疏忽而出现了工作的缺位，作为下级或副职还应及时而得体地采取措施，加以“补位”和补充，不使这种疏忽酿成大错，这才是下级或副职应有的正确态度，也是作为一个称职的中层领导者的应尽之责。

5. 争位不争为的盲点

束缚管理者的主观因素之五，是争位而不争为。有些中层领导者或管理者对职务名利过分看重，反而对事业和作为看轻。对“保位之战”（保护管理者职位）和“升位之战”（上一级的职位）则颇为用心，并为此不惜互相倾轧、钩心斗角。

他们口头经常挂着什么什么“长”，对什么什么“总”津津乐道，但是工作却平平常常，甚至平平庸庸，即使通过各种手段达到了“保位”、“升位”的目的，又会安于此位而不思进取。他们的地位与作为极不相称，在他们的心里，做官重于做事，保地位高于有作为。如果一个企业或单位里，这样的管理者愈多，那么这个企业或单位的沉疴就愈重。

这种争位不争为的思维，是计划经济体制和当官本位的精神遗留。这种思维与市场经济、民主政治的能力本位是格格不入的，因而也是必须尽快摒弃的。本来，地位应该是作为的舞台，有了一定的地位是为了更好地做事，而有效有力的作为既可巩固地位又能提升地位，这样相辅相成，使人生和事业日益精彩，个人与组织共同进步。

在一个组织中，管理者的职位数量有限，上级的职位数量也有限，但组织的成长空间和个人作为的发展空间可以无限。当今世界，企业组织是无行政级别的，局、处、科级企业的观念已经过时。把企业做强做大，需要的是大有作为，而不是大有官位。

一个上万人的"局级"企业，如果收入、利润很少，甚至亏损破产，是毫无地位可言的；而一个仅数十人而收入利润达数亿元的企业，也许连"科级"也称不上，但其作为赢得的社会地位令人肃然起敬。

在职场求发展，应该不是为做官，而是为做事。因为一旦把做事与作为放在第一位，管理者的人生舞台和发展空间就会空前地广阔起来，真正把事业做强做大了，地位也就自然有了。要看到，在一个企业或单位里，管理者是可以而且应该大有作为的。

作为中层领导者或管理者，虽然比上不足，比下有余，但都起着中坚力量的作用。这种中坚作用不会自然而然地实现，需要正确地发挥管理者们的主观能动性。

上述五种思维盲点，使管理者往往居中位而不坚，形成“中软”或“中阻”现象。犹如一个人患有严重的腰肌劳损或腰酸背疼的疾病而浑身乏力一样，一个企业或单位的竞争力、战斗力，必然会因“中软”或“中阻”而被严重削弱。

改变或医治这个疾患虽然需要多管齐下，但管理者主动地改变自我，通过改造自我的主观世界，从而改变或调整主观世界与客观世界的关系；通过认识改变自我，从而改变或调整人与我之间的关系，这无疑是非常关键的一环。

要改变他人，先改变自己，要改造客体，先改变主体，这也是从我做起、从现在做起的要义。

没有养成良好的习惯

很多管理者遇到身不由己的问题，是因为没有形成一个好的习惯，不会说拒绝。比如，有些管理者的工作习惯是什么紧急就先处理什么，谁来找就去忙谁的事，结果一天忙下来，给下属干了事、给上司干了事、给同事帮了忙，却把自己的事搁在了一边，该做的事没做。作为一个在企业中占有重要地位的管理者，您是否有这些坏习惯？

1. 没有计划

很多管理者早上一醒来之后，大脑中模糊地觉得今天有一个什么样的安排，但是没有变成一个很明细的计划，到办公室后就凭着大体的印象开始处理工作。然后，什么事情找到头上来了就处理什么事情，于是这一天就身不由己了。

如果下班前，有人问这些管理者们今天的工作内容，很多管理者说不出来当天的8个小时做了些什么事。如果让他回忆最近一个月的工作内容，很多管理者的脑海里是一片灰色，好像真正做事的时间也就那么一点点。

实际上，对于管理者，周计划和日计划是最关键的。而这些基础管理的工作，在我们的企业当中非常薄弱，很少有企业能够真正把周计划、日计划这样的基础管理工作坚持得很好。

2. 眉毛胡子一把抓

很多经理管理者的习惯，就是觉得每一件事情都很重要，每一件事情都需要完成，有时为了一件很小的事情，在那儿找数据，打电话求证，反复研究比对，但实际上经事后仔细分析，这件事情对他今天或者这段时间的工作是无关紧要的，根本不值得花很多时间去处理。

3. 即使做了计划，也没有安排优先级

没有标记出哪些是最重要的工作，是今天必须完成的，再碰到一些干扰因素，到最后，最重要的事情没有做，而且，还忘记把它转到第二天的工作计划当中去。结果过了几天，事到临头，才发现这些事根本就没有完成。

4. 拖延时间

有的管理者认为，反正企业中有忙不完的工作，所以在工作中养成了拖延时间的工作习惯。

亚里士多德说："优秀是一种习惯。"如果我们把任何事情都做好，使优秀变成了自己的一种习惯，那无疑你是最有竞争力的。某些管理者就某些方面或做某些事情的能力而言，绝对是非常优秀的，但是，为什么不能成为优秀的管理者？就是因为他不能在所有的时间里，在其经手的大部分事情上坚持同样的效率；不能把高效率完成工作变成一种习惯，而仅仅是为工作而工作，为效率而效率。优秀的管理者与一般的管理者的差距，也就是能不能在90分钟内都把球踢好的差距。

一个企业的目标可能需要一年或者是几年的计划才能实现，就相当于一个90分钟的球赛，只有打满一个整场，才能看得出管理者做得怎么样，但是有的管理者做事，往往只能是在某一时间、某一事件做得好，很难保证企业在90分钟的比赛当中都很杰出。借用足球运动当中的一个字，就是这些管理者管理的技术水平太"糙"，基础管理太差、细节管理太差，没有养成一种良好的职业习惯和素养。

诸如计划管理、第二象限工作法，这些时间管理的工具就方法本身而言都非常简单，难就难在要它成为管理者乃至老总们的习惯。管理者的时间管理、细节管理，必须要从一件一件的小事做起，然后不断地去反复演练，最后形成习惯。这种习惯一旦养成，就成为管理者的一项竞争力。

正如在时间管理上，如果我们的管理者能够在时间管理上不断提升，不要说提高效率5倍、10倍，就算是提高10%、20%、

30%的效率而已。这种时间管理、细节管理，也能够使我们的工作效率大大提高，从而增进我们自身的竞争力，同时也成功地实现企业的目标。

发怒时，应见好就收

身为管理者，有时为了工作不得不斥责下属。然而，斥责人却比被人斥责难得多。在责备下属的时候，千万不可以用到“笨蛋”或“混蛋”这一类的字眼。此外，责备的时间不可太长。

你可以强调言辞的内容来加深对方的印象。只要是稍有常识或自尊心的人，你这样提醒他，就足以让他知道事情的严重性。对于反应迟钝的人，有时不得不使用打击治疗法：“你到底知不知道该怎么做?”“你认为自己尽到责任了吗?”

有时候，你必须很大声地告诉下属：“因为公司的要求严格，所以我也必须严格要求你。”尤其是对那些即使犯了错也认为“这没什么大不了的”，或是“只要不说，就假装忘记好了”的马虎型下属，更得清楚地告诫他们不能有这种想法。

除了对当事人之外，有时候也可以提醒周围的人，如果能让其他人产生“主管真的生气了！还是小心点好”的想法，那就成功了。此外，责备人的时候，一定要清楚地点明问题，如果让对方挨了责备也不知道是为什么，那可就一点意义也没有了，不但如此，还会让大家认为你莫名其妙呢！

“雷声隆隆”地指责完下属之后，别忘了适时地给予安慰，让挨了责备而沮丧万分的下属有重新冲刺的勇气。安慰要得法，可别让对方以为你是责备了人后悔，这样可就会产生让对方看轻的反效果，所以，在斥责与安慰之间，必须保持一段适当的时间，最好是在半天到一个星期之间。

进行管理时，偶然发一顿脾气的效果，要比你冷言冷语挖苦或用激将法来得有效，不过，这是需要掌握天时、地利、人和的；否则在别人的眼中，你恐怕生气不成，还要被讥笑为疯子呢。

真正懂得精妙地运用“勃然大怒”于管理层面上的人，发怒的机会反而会很少，但其力量非常强劲深远。

发怒时应注意的守则：

1. 一战即胜的大发雷霆

真正能发挥效果的怒气，都看重事后的威力。故此，要掌握快、狠、准的要诀，不但要发对脾气、发对人，还要适得其所，才会有平地一声雷般的气势，只有这样，才能产生出真正奏效的吓阻作用；而自以为是的咬牙切齿，或恶狠狠地放冷箭伤人，日子长了却反会演变成一种积怨，实际上是一点效果也没有的。

2. 勃然大怒应适可而止

在工作中发怒要达到神奇的效果，发泄怒气的原因与理由必须让人清楚知道，因为发怒有理，才能发得心安理得，而事后彼此也能维持彬彬有礼的圆满结局。最重要的，还是发脾气的人一定要知道收敛，否则若一时头脑不济而欲罢不能，动辄便来一次发作，三番五次没好由来地大发雷霆，后果就难以控制了。

3. 对下对上发怒要有分寸

生气要对事不对人，但偏偏当你愤怒的对象正是你的上级时，你也只好私底下自个儿捶胸顿足了。事实上，对上级发起怒来，若遇上的是一位通情达理的领导者也就算了，怕就怕遇上一个小心眼又暴躁的领导者，所以，当你准备以下犯上时，一定要小心处理，而发怒的时机也是重要的因素。

只要秉持尊重的态度，并且见好就收，相信一般明白事理的领导者，都会认真地听取你的宝贵意见！

喜怒哀乐形之于色

无论何人，只要在社会上混过一段时间，便多多少少练就察言观色的本事。他们会根据你的喜怒哀乐来调整和你相处的方式，并进而顺着你的喜怒哀乐来为自己谋取利益。你也会在不知不觉中，意志受到了别人的掌控。如果你的喜怒哀乐表达失当，有时会招来无端之祸。

因此，高明的掌权者一般都不随便表现这些情绪，以免被人窥破弱点，予人以可乘之机。

事实上，喜怒哀乐是人的基本情绪，世界上根本没有那种心如止水的人。

没有喜怒哀乐的人其实是很可怕的，因为你不知道他对某件事的反应、对某个人的观察，让人面对他时，有不知如何应对的慌乱。

其实，没有喜怒哀乐的人并不存在，他们只是不把喜怒哀乐表现在脸上罢了。对于管理者来说，在人际交往中，做到这一点是很重要的，所以，要把喜怒哀乐藏在口袋里，别轻易拿出来给别人看。

管理者一旦露出了真情，就容易为人所看穿，以至于受到拨弄，而导致作出错误的决策。

“喜怒不形于色”，亦即尽量压抑个人的感情，而以冷静客观的态度来应付事情，具备这种性格的人才配做管理者。

这种性格至少有三大优点：

（1）当组织内部遭遇困难时，如果管理者露出不安的表情或慌乱的态度，便会影响到全体员工，一旦根基动摇，就会带来崩溃。这种情况下，如果能保持冷静、若无其事的态度，最能安抚民心。

（2）在对外交涉时，具有从容镇定、成竹在胸的风度。如果把持不住，露出感情，如同自亮底牌一般，容易被对方控制而屈居下风。

（3）在官场上，不轻易表露自己的观点、见解和喜怒哀乐，被称为“深藏不露”，这是古今中外的管理者用以控制下属的一种重要方法。历来聪明的当权者一般都喜欢把自己的思想感情藏起来，不让别人窥出自己的底细和实力，这样，部下就难以钻漏洞，他们会对领导者感到神秘莫测，因而产生畏惧感，也容易暴露出自己的真实面目。领导者如同在暗处，下属如同在明处，控制起来就比较容易。

汲取教训，超越失败

从一定意义上讲，教训也是一笔财富。有人曾经把“不幸”比喻为一笔财富，其实，你对待失败也应采取这种态度。当你把教训看做财富，你在失败中会学到许多平时学不到的东西。美国人戴维·迈利民说：“我在一生事业上犯过很多错误，每一次错误都是一个教训。从自己的错误和别人的错误中汲取教训，那就是精明。”

反败为胜，超越失败的重要条件，是要善于从挫折或失败中总结经验教训。我们应当从痛苦的教训中学习如何反败为胜。从普鲁士士兵成长为元帅的莫尔特克说过：“我经常以极大的兴趣观察青年们的失败，青年的失败正是成长的标志。他如何看待失败呢？今后他又会怎样做呢？善罢甘休吗？还是更加奋勇前进呢？这些将决定他的生涯。”可以说，积累失败的教训，这正是向成功跨出的重要一步。

德国《时代》周刊发表过雷彭尼茨教授的长篇文章——《自

大狂可以休矣》。文章认为，现在西方国家无论在经济上还是文化上都面临着挑战，而且首先面临来自亚洲的强有力的竞争。雷彭尼茨说："正因为欧洲人拒不接受来自欧洲大陆以外的任何批评，在欧洲形成了一种'教训文化'。而这种'教训文化'是欧洲统一道路上的主要障碍。"这位教授指出：欧洲的未来最终将取决于欧洲社会如何由"教训文化"变为"学习文化"的能力和决心。

雷彭尼茨的文章虽然指出的是西方应改变文化观念，但他提出变"教训"为"学习"的方法，对凡是想反败为胜的人都是有启迪作用的。读者朋友不妨试试"主动学习"的方法，让它为你反败为胜助一臂之力。

"吃一堑，长一智"，汲取教训是非常重要的，但是"吃一堑"不会自动地"长一智"，关键还要看你能否变"教训"为"学习"。反败为胜必须主动出击，这里应当包括"主动学习"——主动变"教训"为"学习"。

"主动学习"的做法可以从自己开始，即"主动"向自己"学习"。

"主动学习"可以从别人那里学习别人的经验教训。这种形式的效果也不错。在今日美国，尽管交通管理部门、宣传媒介和学校教师不断地教育青少年切勿酒后驾车，可是实际上仍有不少青少年酒后驾车，由此而造成的车毁人亡的悲剧仍频频发生，为此，美国加州桑塔安纳市的市政当局试着用"主动学习"方法，强迫酒后开车引发事故的青年人去"参观"在酒后驾车引发事故而丧生的人。市政当局在一家殡仪馆设置专门的“参观室”，室内停放酒后驾车引发交通事故的死者尸体。当验尸官把一具具可怕的尸体让他们“参观时”，他们一个个目瞪口呆，大吃一惊。此时，一名训导官便对酒后驾车的青少年晓之以理，训导官讲清道理之后，启发他们：为了使自己和别人不被抬入可怕的停尸房，必须从此以后坚决杜绝酒后驾车的行为。据说，加州桑塔安纳市的做法果真取得了较理想的效果。凡“参观”过停尸房的青少年初犯者，99%的人不敢再酒后驾车。从某种意义上说，这也是一种反败为胜。

“别人亡羊我补牢”，也是“主动学习”别人经验教训的一种好办法。“亡羊补牢”的故事，大家都熟悉。失败难以避免，也不可怕。可怕的是不能从失败中汲取教训，不知道如何迈出反败为胜的重要一步。重要的是在失败与挫折面前，如何尽快地奋起，寻找补救的途径与方法。这样，你眼下的失败，或许正是把你引向成功的新起点。用“亡羊补牢”求得反败为胜并非轻而易举。

第四章

树立员工的责任与荣誉感

责任与荣誉并非大而无当的空话，而是每一个员工都必须认真思考的、事关切身利益的大问题。试想，没有责任，怎能为工作而尽心？没有荣誉，怎能向上进取？以这两点为突破口，就能把管理理念真正落实到员工的心上，让他们去努力获得工作的“金牌”！

责任感是所有人的成功之本

没有责任感的军官不是合格的军官，没有责任感的员工不是合格的员工。责任感是简单而无价的。工作就意味着责任，责任意识会让我们表现得更加卓越。西点军校的学员章程规定：每个学员无论在什么时候，无论在什么地方，无论穿军装与否，也无论是在担任警卫、值勤等公务还是在进行自己的私人活动，都有义务、有责任履行自己的职责和义务。这种履行必须是发自内心的责任感，而不是为了获得奖赏或别的什么。

这样的要求是非常高的。但西点认为，没有责任感的军官不是合格的军官，没有责任感的员工不是合格的员工，没有责任感的公民不是好公民。在任何时候，责任感对自己、对国家、对社会都不可或缺。正是这样严格的要求，让每一个从西点毕业的学员获益匪浅。

西点认为，一个人要成为一个好军人，就必须遵守纪律，有自尊心，对于他的部队和国家感到自豪，对于他的同志们和上级有高度的责任义务感，对于自己表现出的能力有自信。笔者认为，这样的要求，对每一个企业的员工同样适用。要将责任根植于内心，让它成为我们脑海中一种强烈的意识，在日常行为和工作中，这种责任意识会让我们表现得更加卓越。经常可以见到这样的员工，他们在谈到自己的公司时，使用的代名词通常都是“他们”而不是“我们”、“他们业务部怎么怎么样”、“他们财务部怎么怎么样”，这是一种缺乏责任感的典型表现，这样的员工至少没有一种“我们就是整个机构”的认同感。

责任感是不容易获得的，原因就在于它是由许多小事构成的。但是最基本的是做事成熟，无论多小的事，都能够比以往任何人做得都好。比如说，该到上班时间了，可外面阴冷下着雨，而被窝里又那么舒服，你还未清醒的责任感让你在床上多躺了两分钟，你一定会问自己，你尽到职责了吗？还没有……除非你的责任感真的没有发芽，你才会欺骗自己。

据说美国前总统杜鲁门的桌子上摆着一个牌子，上面写着：Book of stop here（问题到此为止）。他桌子上是否有这样一个牌子，不能去求证，但可以告诉大家的是，这就是责任。如果在工作中，对待每一件事都是“Book of stop here”，那么，这样的公司将让所有人为之震惊，这样的员工将赢得足够的尊敬和荣誉。

有一个替人割草打工的男孩打电话给布朗太太说：“您需不需要割草？”布朗太太回答说：“不需要了，我已有了割草工。”男孩又说：“我会帮您拔掉草丛中的杂草。”布朗太太回答：“我的割草工已做了。”男孩又说：“我会帮您把草与走道的四周割齐。”布朗太太说：“我请的那人也已做了，谢谢你，我不需要新的割草工人。”男孩便挂了电话。此时男孩的室友问他说：“你不是就在布朗太太那儿割草打工吗？为什么还要打这个电话？”男孩说：“我只是想知道我究竟做得好不好！”

多问自己“我做得如何”，这就是责任。还有一个美国作家的例子。有一次，一个小伙子向一位作家自荐，想做他的抄写员。小伙子看起来对抄写工作是完全胜任的。条件谈妥之后，他就让那个小伙子坐下来开始工作，但是小伙子却朝外边看了看教堂上的钟，然后心急火燎地对他说：“我现在不能呆在这里，我要去吃饭。”于是作家说：“噢，你必须去吃饭，你必须去！你就一直为了今天你等着去吃的那顿饭祈祷吧，我们两个永远都不可能在一起工作了。”作家说那个小伙子曾对他说过，自己因为得不到雇用而感到特别沮丧，但是当他有了一点点起色的时候却只想着提前去吃饭，而把自己说过的话和应承担的责任忘得一干二净。

工作就意味着责任。在这个世界上，没有不需承担责任的工作，相反，你的职位越高、权力越大，你肩负的责任就越重。不要害怕承担责任，要立下决心，你一定可以承担任何正常职业生涯中的责任，你一定可以比前人完成得更出色。世界上最愚蠢的事情就是推卸眼前的责任，认为等到以后准备好了、条件成熟了再去承担才好。在需要你承担重大责任的时候，马上就去承担它，这就是最好的准备。如果不习惯这样去做，即使等到条件成熟了以后，你也不可能承担起重大的责任，你也不可能做好任何重要的事情。每个人都肩负着责任，对工作、对家庭、对亲人、对朋友，我们都有一定的责任，正因为存在这样或那样的责任，才能对自己的行为有所约束。寻找借口就是将应该承担的责任转嫁给社会或他人，而一旦我们养成了寻找借口的习惯，那么我们的责任之心也将随着借口烟消云散了。没有什么不可能的事情，只要我们不把借口放在我们的面前，就能够做好一切，就能完全地尽职尽责。

借口让我们忘却责任。事实上，人通常比自己认定的更好。当他改变自己心意的时候，并不需要去增进他所拥有的技能。他只需要把已有的技能与天赋运用出来就行。这样，他才能够不断地树立起责任心，把借口抛弃掉。千万不要自以为是而忘记了自己的责任。对于这种人，巴顿将军的名言是："自以为了不起的人一文不值。遇到这种军官，我会马上调换他的职务。每个人都必须心甘情愿为完成任务而献身。""一个人一旦自以为了不起，就会想着远离前线作战。这种人是地道的胆小鬼。"巴顿想强调的是，在作战中每个人都应付出，要到最需要你的地方去，做你必须做的事，而不能忘记自己的责任。千万不要利用自己的功绩或手中的权力来掩饰错误，从而忘却自己应承担的责任。人们习惯于为自己的过失寻找种种借口，以为这样就可以逃脱惩罚。正确的做法是，承认它们，解释它们，并为它们道歉。最重要的是利用它们，要让人们看到你如何承担责任和如何从错误中汲取教训。这不仅仅是一种对待工作的态度，这样的员工也会被每一个主管所欣赏。

负责任、尽义务是成熟的标志。几乎每个人做错了事都会寻找借口。对于责任，谁也不想主动去承担，面对获益颇丰的好事，邀功领赏者不乏其人。负责任的人是成熟的人，他们对自己的言行负责，他们把握自己的行为，做自我的主宰。每一个成熟的企业，都应该教育自己的员工增强责任感，就像培养他们其他优良品质一样。

“回应”就是“答复”，相应地，“有所回应的”就是“有所答复的”，就是“负责任的”。不负责任的行为就是不成熟的行为。负责任、尽义务是成熟的标志。我们努力教育孩子成长为负责任的人，就是在帮助他们走向成熟。詹姆斯·麦迪逊独具慧眼，在《联邦主义者文集》第六十三节中给“责任”作了明确的界定：“责任必须限定在责任承担者的能力范围之内才合乎情理，而且必须与这种能力的有效运用程度相关。”

敷衍了事只能害自己

有无数人因为养成了轻视工作、马马虎虎的习惯，以及对手头工作敷衍了事的态度，终至一生处于社会底层，不能出人头地。

在某大型机构一座雄伟的建筑物上，有句很让人感动的格言。那句格言是：“在此，一切都追求尽善尽美。”“追求尽善尽美”值得做我们每个人一生的格言。如果每个人都能采用这一格言，实行这一格言，无论做任何事情都要竭尽全力，以求得尽善尽美的结果，那么人类的福利不知要增进多少。

人类的历史，充满着由于疏忽、畏难、敷衍、偷懒、轻率而造成的可怕惨剧。不久前，在宾夕法尼亚的奥斯汀镇，因为筑堤工程质量的简陋，没有照着设计去筑石基，结果堤岸溃决，全镇都被淹没，使无数人死于非命。像这种因工作疏忽而引起悲剧的事实，在我们这片辽阔的土地上，随时都有可能发生。无论什么地方，都有人犯疏忽、敷衍、偷懒的错误。如果每个人都凭着良心做事，并且不怕困难、不半途而废，那么非但可以减少不少的惨祸，而且可使每个人都具有高尚的人格。

养成了敷衍了事的恶习后，做起事来往往就会不诚实。这样，人们最终必定会轻视他的工作，从而轻视他的人品。粗劣的工作，不但使工作的效能降低，而且还会使人丧失做事的才能。所以，粗陋的工作，实在是摧毁理想、堕落生活、阻碍前进的仇敌。

要实现成功的唯一方法，就是做事的时候要抱着非做成不可的决心，要抱着追求尽善尽美的态度。世界上为人类创立新理想、新标准，扛着进步的大旗，为人类创造幸福的人，就是具有这样素质的人。无论做什么事，如果只是以做到“尚佳”为满意，或是做到半途便停止，那就不会成功。

有人曾经说过：“轻率和疏忽所造成的祸患不相上下。”

有许多青年人之所以失败，就是败在做事轻率这一点上。这些人对于自己所做的工作从来不会做到尽善尽美。

大部分青年，好像不知道职位的晋升是建立在忠实履行日常工作职责的基础上的；只有努力做好目前的职业，才能使他们渐渐地获得价值的提升。

有许多人在寻找发挥自己本领的机会。他们常这样问自己:"做这种乏味平凡的工作,有什么希望呢?"可是,就是在极其平凡的职业中、极其低微的位置上,往往藏着极大的机会。只有把自己的工作做得比别人更完美、更迅速、更正确、更专注;调动自己全部的智力,从旧事中找出新方法来,这样便能引起别人的注意,从而使自己有发挥本领的机会,满足心中的愿望。所以,不论月薪是多么微薄,都不该轻视和鄙弃自己目前的工作。

在做完一件工作以后,应该这样说:"我愿意做那工作,我已竭尽全力、尽我所能来做那工作,我更愿意听取人家对我工作的批评。"

成就最好的工作,需要经过充分的准备,并付诸最大的努力。英国的著名小说家狄更斯,在没有完全预备好要选读的材料之前,绝不轻易在听众的面前诵读。他的规矩是每日把准备好的材料读一遍,直到6个月以后读给公众听。

法国著名小说家巴尔扎克有时因为写一页小说,会花上一星期的时间,而一些现代的写作者,还在那里惊讶巴尔扎克的声誉是从哪里来的?

许多人做了一些粗劣的工作,借口是时间不够,其实按照各人日常的生活,都有着充分的时间,都可以做出最好的工作。如果养成了做事务求完美、善始善终的习惯,人的一辈子必会感到无比的满足,而这一点正是成功者和失败者的分水岭。成功者无论做什么,都力求达到最佳境地,丝毫不会放松;成功者无论做什么职业,都不会轻率疏忽。

自己对自己负责，就要敢于挑战

有一次，拿破仑自得地对他的秘书说：“布里昂，你也将永垂不朽了。”布里昂迷惑不解，拿破仑进一步说道：“你不是我的秘书吗?”意思是说布里昂可以因沾他的光而扬名于世。布里昂是一个很有自尊心的人，他不愿接受子虚乌有的“恩惠”，但又不便直接加以反驳，于是他反问道：“请问亚历山大的秘书是谁?”拿破仑答不上来，而拿破仑不仅没有怪罪他，反而为他喝彩：“问得好!”

在这里，布里昂就巧妙地暗示了拿破仑：亚历山大名垂青史，但他的秘书却不为人所知，那么，拿破仑明白了自己的失言，又维护了双方的自尊。这样机智的部下，肯定会得到上司的信赖和欣赏。试想，如果布里昂唯唯诺诺地盲从，结果又会如何呢?

生命之权操之在己，不管别人有多少意见，作决定的终究是自己。既然生活是自己的，品质就该由自己负责到底。

人生旅程中最重要的事，就是积极生活，做生命的主人。

依照别的期盼或指示而生活，是一件令人难以忍受的事。尽管你我都希望自己能与他人分享心得，共同成长，但并不表示事事都得听他（她）们决定。生活中仍然需要完全属于自己、不容他人打扰的空间。

提升生活的第一步，就是学会对自己负责。在决定继续深造或选择工作时，要想清楚自己的动机，是为了追求自我实现，还是为了别人？不妨问问自己，这一生中最重要的是什么？

生命是自己的。想活得积极而有意义，就要勇敢地担起生命的重大责任。没有人能领你走一辈子，只要不辜负每一个日子，每天有新的收获，美好的生活靠你自己创造。

对自己负责，是一项艰难又费时的挑战。要能了解自己，发掘自己的优缺点，再不断调整及修正。还得注意不受主观成见的影响，逐一吸收于己有益的经验。

如果你常常想取悦他人，就要好好反省自己，是否有推卸责任的倾向？明明不同意，却口是心非；有意见，却偏不说，只知忍耐。换来满腹委屈后，才觉得时时被人指使，失去了自我。

你要获得荣誉，必须尊重荣誉

每一个企业都应该对自己的员工进行荣誉感的教育，每一个员工都应该唤起对自己的岗位和公司的荣誉感。如果一个员工为自己的工作有足够的荣誉感，为自己的工作引以为荣，为自己的公司引以为荣，他必定会焕发出无比的工作热情。在争取荣誉、创造荣誉、捍卫荣誉、保持荣誉的过程中，我们个人也不知不觉地融入到了集体之中，获得了更好的发展。

在西点军校的教育中，荣誉教育始终处于优先的地位。西点将荣誉看得至高无上。在西点，要求每一位学员必须熟记所有的军阶、徽章、肩章、奖章的样式和区别，记住它们所代表的意义和奖励，同时还必须记住皮革等军用物资的定义、西点会议厅有多少盏灯，甚至校园蓄水池的蓄水量有多少升等诸如此类的内容。这样的训练和要求，会在无形中培养学员的荣誉感。这值得企业所借鉴，因为一个优秀的员工必须对自己的工作、对自己所效力的企业有一个全面清楚的了解。

每一个企业都应该对自己的员工进行荣誉感的教育，每一个员工都应该唤起对自己的岗位和公司的荣誉感。可以说，荣誉感是团队的灵魂。

如果一个员工没有荣誉感，即使有千万种规章制度或要求，他可能也不会把自己的工作做到完美，他可能会对某些要求不理解，或认为是多余而觉得厌倦、麻烦。

凯普曾在希尔顿饭店有过美好的经历。他早上起床，一打开门，走廊尽头站着的漂亮的服务员就走过来，说，早上好，凯普先生。问他早上好很正常，知道他叫凯普也不难。他马上问她，你怎么知道我叫凯普？服务员说，先生，昨天晚上你们睡觉的时候，我们要记住每个房间客人的名字。后来他从四楼坐电梯下去，到了一楼，电梯门一开，有一个服务员站在那里，对他说：早上好，凯普先生！凯普问：你知道我叫凯普？怎么可能？服务说，先生，上面有电话下来，说你下来了。然后他去吃早餐，吃早餐的时候送来了一个点心。他就问，这中间红的是什么？服务员看了一眼，后退一步说，那是什么什么。旁边那个黑黑的是什么。她又看了一眼，后退一步说，那只是什么什么。她为什么后退一步？是为了避免她的唾沫碰到他的菜。

或许大家都有过这样的经历，只是觉得很正常而忽略过去了。但笔者觉得这些看起来是很小的事，却体现出很深刻的道理。如果那个服务员没有一种以希尔顿饭店为荣的荣誉感，她能表现得这样尽职尽责吗？成绩可以创造荣誉，荣誉可以让你获得更大的成绩。一个没有荣誉感的员工，能成为一个积极进取、自动自发的员工吗？如果不能认识到荣誉的重要性，不能认识到荣誉对你自己、对你的工作、对你的公司意味着什么，又怎么能指望这样的员工去争取荣誉、创造荣誉呢？

事实上，只要我们尽职尽责，努力工作，工作同样会赋予我们以荣誉。我们工作的目的绝不仅仅是为了每月有一份不错的薪水，或者是为了有一份可以谋生的职业，我们还追求一种认同感、归宿感和成就感，而这一切都建立在荣誉感的基础之上。只有这种荣誉，才能让我们对待工作全力以赴，才能让我们自觉地远离任何借口，远离一切有损于公司和工作的行为。在争取荣誉、创造荣誉、捍卫荣誉、保持荣誉的过程中，我们个人也不知不觉地融入到了集体之中，从而获得了更好的发展。

主动承担分外的工作容易使你脱颖而出

拿破仑·希尔曾经聘用了一位年轻的小姐当助手，替他拆阅、分类及回复他的大部分私人信件。当时，她的工作是听拿破仑·希尔口述，记录信的内容。她的薪水和其他从事相类似工作的人大致相同。有一天，拿破仑·希尔口述了下面这句格言，并要求她用打字机把它打下来："记住：你唯一的限制就是你自己脑海中所设立的那个限制。"

当她把打好的纸交给拿破仑·希尔时，她说："你的格言使我获得了一个想法，对你我都很有价值。"

这件事并未在拿破仑·希尔脑中留下特别深刻的印象，但从那天起，拿破仑·希尔可以看得出来，这件事在她脑中留下了极为深刻的印象。她开始在用完晚餐后回到办公室来，并且从事不是她分内而且也没有报酬的工作。并开始把写好的回信送到拿破仑·希尔的办公桌来。

她已经研究过拿破仑·希尔的风格，因此，这些信回复得跟拿破仑·希尔自己所能写的完全一样，有时甚至更好。她一直保持着这个习惯，直到拿破仑·希尔的私人秘书辞职为止。当拿破仑·希尔开始找人来补这位秘书的空缺时，他很自然地想到这位小姐。但在拿破仑·希尔还未正式给她这项职位之前，她已经主动地接收了这项职位。由于她在下班之后以及没有支领加班费的情况下，对自己加以训练，终于使自己有资格出任拿破仑·希尔属下人员中最好的一个职位。

而且不只如此，这位年轻小姐的办事效率太高了，拿破仑·希尔已经多次提高她的薪水，她的薪水现在已是她当初来拿破仑·希尔这儿当一名普通速记员薪水的4倍。她使自己变得对拿破仑·希尔极有价值，因此，拿破仑·希尔不能失去她这个帮手。

这就是进取心。正是这位年轻的小姐的进取心使她脱颖而出，从而名利双收。

这个例子告诉我们，进取心是一种极为难得的美德，它能驱使一个人在不被吩咐应该去做什么事之前，就能主动地去做应该做的事。胡巴特对“进取心”做了如下的说明：“这个世界只愿对一件事情赠予大奖，那就是‘进取心’。”

什么是进取心？那就是主动去做应该做的事情。

仅次于主动去做应该做的事情的，就是当有人告诉你怎么做时，要立刻去做。

更次等的人，只在被人从后面踢一脚时，才会去做他应该做的事。这种人大半辈子都在辛苦工作，却又抱怨运气不佳。

最后还有更糟的一种人，这种人根本不会去做他应该做的事。即使有人跑过来向他示范怎样做，并留下来陪着他做，他也不会去做。他大部分时间都在失业中，因此，易遭人轻视，除非他有位有钱的老爸。但如果是这个情形，命运之神也会拿着一根大木棍躲在街头拐角处，耐心地等待着。

你属于上面的哪一种人呢？如果你想成为一个不断进取的人，就要把拖延的习惯从你的个性中除掉。这种把你应该在上星期、去年或甚至于十几年前就要做的事情拖到明天去做的习惯，正在啃噬你意志中的重要部分，除非你改掉了这个坏习惯，否则你将很难取得任何成就。

你的命运就是你选择的结果

日本人种了一种树，他们把它称为邦赛树。这种树长得很美，而且造型完整，只是树的高度只有几寸而已。在美国的加州，人们发现了一种叫水杉的树，其中一棵大水杉树被命名为将军莎门。这棵巨树高达 272 英尺，树围长达 79 英尺，如果把它砍下来的话，足够建造 35 间 5 人住的大房子。但是，当邦赛树和将军莎门都还是种子的时候，它们的重量都小于三千分之一盎司，成长以后，它们之间的差异却非常大。在这大小悬殊差异的背后，隐藏着人生的一个教训。

当邦赛树的树苗一突出地面时，日本人就把它拉出泥土，并且把树扎起来，故意阻止它的生长。结果，邦赛树成了一种矮小、美丽的树。

将军莎门树的种子是自然地落在加州肥沃的土壤上，而且受到阳光、雨水的营养滋润，最后成长为巨大的树。

邦赛树和将军莎门树不能选择自己的命运，而我们却有权利选择自己成为哪一种人。你可以随心所欲变得伟大或渺小，变成邦赛树或将军莎门树。选择权利就操纵在我们自己的手中。

很多人都忽视了一个事实，当我们走进一家鞋店买鞋的时候，我们可能会选择一双黑鞋，也可能选择一双咖啡色的鞋；当我们走进时装店买衣服的时候，我们可能会选择一件浅颜色的衣服，也可能选择一件深颜色的衣服；当我们打开电视机的时候，我们可以看新闻，可以看足球赛，也可以看电视连续剧；当我们外出度假的时候，我们可以去看桂林的山水，也可以去登美丽的黄山；当我们要买车子的时候，我们可以买便宜的，也可以买豪华的。总之，选择权利就在我们自己的手里。

选择是人类一种天赋的能力，它不需要经过特殊的训练或教育，也不需要有特殊资质或者有钱有势才能运用成功，它不分贫富、贵贱，不分出身，它是每一个人与生俱来的最大能力，所有的人都能掌握它、利用它。如果我们一旦能够正视这种力量的存在，并且开始加以运用，我们的生活将能够完全得到改观，完全可以合乎我们自己的理想，它将能化失败为成功、化怯懦为自信、化浮躁为冷静、化不安为稳定，它能使我们受伤的心灵得以安宁，能使我们烦恼不堪的生命重获生机，变得美满快乐。你的命运就是你选择的结果。

富兰克林有一天突然警觉地发现他现在常常失去朋友。他此时才开始注意到事情的原因是由于他太爱争强好胜，处处都要占上风，所以他始终都跟别人处不好。有一天，当他把工作大致做好了之后，他坐下来列了一个清单，把自己在个性上所表现出来的缺点全部都列在了上面，并且是从最致命的大缺点开始，一直到不足挂齿的小毛病为止重新依次排列了一次。富兰克林下了极大的决心，要一一改掉自己的这些毛病。每当他真的彻底改掉一个毛病时，他就在单子上把那一条毛病划掉，直到他最后全部划完为止。结果，富兰克林成为了美国最得人心的人物之一，他受到了大家的尊敬和爱戴。当殖民地十三州需要法国的援助时，他们派了富兰克林去。法国人对富兰克林的印象奇佳，他果然也不辱使命，他被公认为是个性自我改造最成功的人士之一。

反过来说，假如富兰克林的选择是我行我素、依然故我，不对自己的个性加以检讨；假如他也像其他许许多多的人一样，放任自己的天生个性；假如他依然不改争强好胜、处处占上风的毛病……那么，他就绝对不可能成功地争取到法国的援助，如果是那样的话，整个美国的历史就将要改写了。一个人的性格居然也能影响一个国家的命运。可是，现在却还有很多人到处在说："我能怎么办？"其实，你怎么知道你办不到呢？你怎么知道经过数年的努力你仍然不会有所收获呢？

有位年轻的足球明星，在大赛前的一个星期，他的母亲突然去世了。他的教练从来没有碰到过类似的事情，不知道如何处理才好。后来，教练决定让这个球员自己去处理。如果他照常参赛，也就没有什么问题；如果年轻的球员觉得实在无法承受打击而要退出比赛，那么教练也会尊重他的决定。

比赛那天终于来到了。球队上场了，这位年轻的球员也在里面。当大家沿着边线默契地前进时，这个年轻的球员却径直向观赛的看台跑去，在看台的第十二排上有一个空的位子，上面覆盖了一块黑布。这位球员默默地站在那里，凝视着盖了黑布的空位子说：“妈妈，我要为你赛好这场球。”说完即转身加入场上的比赛，并且最后为他的球队夺得了胜利。这就是发挥了“选择的威力”的精彩例子。这位年轻的球员本来也可以坐下来痛哭一场，那么同队的队友由于同情他也有可能一个个被弄得很难过，而最终使全队的情绪大受影响，甚至可能输掉这场球。年轻的球员并没有这样做，他是以整个球队的利益为重。结果最终他自己获益，他的球队获益，而他的母亲，也会为她的孩子感到高兴和骄傲，年轻的球员的选择肯定也是他母亲所期望的。当心爱的人离我们而去时，我们应该怎么办？我们应该选择好好地活下去，这也是死者所期望的，应该让他们永远以我们为荣。我们虽然不能控制外部的变故，但是我们可以掌握着抉择的能力；能掌握这种威力，就能使我们自己以及我们周围的人都能感觉到活得有趣味、有意义。

有一则寓言故事也许能帮助我们了解选择的威力。在意大利威尼斯城的一座小山上，住着一位天才老人，据说他能回答任何人提出的问题。当地有两个小孩打算愚弄这个老人，他们捕捉了一只小鸟，然后就向老人的住所出发。一个小孩握着那只小鸟，问老人：“你说鸟是死的还是活的？”老人不假思索地说：“孩子，如果我说鸟是活的，你就会捏紧你的手把它弄死；如果我说鸟是死的，你就会放开手让它飞掉。你的手掌握着这只鸟的生死大权。”

这个寓言故事没有一点渲染，也没有一丝保留。人生有许许多多的分岔路口，在每个路口，我们必须选择其中的一条道路走下去，因为我们不可能同时踏上两条道路。

朋友们，你准备选择哪一条道路呢？只要你改变自己，那么，成功的道路就已经在你的脚下了。

让我们都来选择走向成功的道路吧。

忠诚别人，等于忠诚自己

强大的机构，譬如像西点军校，其力量是来自根深蒂固的价值观，因为这些共同的价值体系而团结个人成为整体。个人崇拜型的领导，例如深具领袖魅力的主管，绝不可能像植根于共同价值观的领导那样坚强有力。如果一位同学违反了荣誉守则，他就是破坏了所有成员以及整个机构的根基和目标。如果西点听任学生说谎，而不要求确实做到荣誉守则的四条规定，那就等于把容忍提升为最高的价值。忠诚别人，等于忠诚自己。

荣誉课程最终是教导学生不仅认同同辈，更重要的是认同光荣的机构共同价值观。能够认同大我，而不仅是一己小我，有助于个人随时不忘团体的共同利益。学生得以不断拓展自我，重新评估自己的定位、在团队中的角色，以及在大我中的角色。其忠诚不仅是针对一己的技能，或是所属的一班、一排，而是针对整个西点军校，以及西点所代表的价值体系。这可以称为双重的忠诚。好的领导人可以激发部属内心中“我们就是整体机构”的认同感，由此强化部属对团队以及对整个组织的双重忠诚。主管人员要让员工明白，整个机构不是“厂方”、“社方”，而是“我们”。这一点可以在言语上做得到，提到整个单位的时候要说“我们”，因为事实上一个机构确实是由所有成员共同组成的。然而凝聚向心力最有效的办法，还是带领整个机构追求一些让员工能够认同对社会有所贡献的目标，而不仅是只求一己私利的正当目标。

汽车公司的主管，如果能够把目标订在生产更安全、可靠、经济又兼顾环保的车辆，而不仅仅是为股东创造利润，那么员工更有可能对公司保持肯定、认同的态度。

目前，在北卡罗莱纳州伊莉莎白市的艾尔巴玛专校担任校长的赖瑞先生，听到学校老师向他提出了这样一个问题，说邻近的一所专校为了改善他们传统上只有黑人学生的情形，推出一项奖学金，吸引了附近地区许多优秀的白人学生，直接影响到我们人文科系的学生来源。校内的老师认为这是一个威胁，但是赖瑞校长却明白地告诉大家：我们应该支持邻校的目标，而不是加以阻挠，因为他们的做法有利于北卡地区更大的社会需求。

校长向老师们说明，他们可以加强邻校比较弱的科系，使两个学校的课程能够相辅相成，这样校内老师也毋须担心失业了。

由此可见，“双重忠诚”这一概念，无论是对于个人还是集体来说，都是很重要的。西点的双重忠诚无疑是我们努力学习的方向，而在我们身边所见到的一些事例中，这种双重忠诚却是极其罕见的，这不能不让我们警惕。

在这个世界上，人们提倡的是“敬业”精神，这是各行各业的人员都遵守的，例如某公司的职员道格拉斯，他在公司里管总务工作，也许并不需要特别的专业技术知识（其他部门提出需要买什么，然后他只要决定到哪儿买就行了），但他兢兢业业地为公司工作，节省了许多资金，这些成绩是大家有目共睹的。在他29岁那年，也就是他被指定采购公司定期使用的约1/3的产品的第一年，他为公司节省的资金已超过80万美元。公司的副总经理知道了这件事后，马上就加了道格拉斯的薪水。道格拉斯在工作上的刻苦努力，博得了高级主管的赏识，使他在36岁时成为这家公司的副总裁，年薪超过10万美元。

道格拉斯的这种对待工作狂热的激情和姿态，不一定适用于每一个人，但在很多情况下，他的敬业精神是值得我们每一个人效仿的。

所谓“敬业”，就是要敬重你的工作！为何要如此，我们可以从两个层次去理解。低层次来说，“拿人钱财，与人消灾”，也就是说，敬业是为了对老板有个交待。而如果我们上升一个高度来讲，那就是把工作当成自己的事业，要具备一定的使命感和道德感。不管从哪个层次来说，“敬业”所表现出来的就是认真负责——认真做事、一丝不苟，并且有始有终！

很多人都有这样的感觉，自己做事都为了老板，为他人挣钱。因此能混就混，认为公司亏了也不用他们去承担，他们甚至还扯老板的后腿，背地做些不良之事。可是，稍加理智地想想，这样做对你自己并没什么好处。工作敬业，表面上看是为了老板，其实是为了自己，因为敬业的人能从工作中学到比别人更多的经验，而这些经验便是你向上发展的踏脚石，就算你以后换了地方、从事不同的行业，你的敬业精神也必会为你带来帮助！把敬业变成习惯的人，从事任何行业都容易成功。

有人天生有敬业精神，任何工作一接上手就废寝忘食，但有些人的敬业精神则需要培养和锻炼，如果你自认为敬业精神不够，那就应趁年轻的时候强迫自己敬业——以认真负责的态度做工作！经过一段时间后，敬业就会变成你的一种习惯！

具有敬业精神，或许不能立即为你带来可观的好处，但可以肯定的是，如果你养成了一种“不敬业”的不良习惯，你的成就会相当有限，你的那种散漫、马虎、不负责任的做事态度已深入你的意识与潜意识，做任何工作都是“随便做一做”，结果不问自知。

第五章

从员工的各种工作心理突破管理

不管是什么样的员工，对待工作都有这样或那样的心理，主动承担工作，并以积极心态去努力完成，这种员工具备“自动自发”的品质；还有只要做不好工作就找借口作为挡箭牌的员工。对于管理者而言，巧妙利用其心理激励员工，就可以让其最大限度地成为工作的主人。

扔掉“如果”这个借口

“如果”是一种假设，也是最容易挂在嘴边的借口。有的人在失败以后，有两个字经常挂在嘴上，逢人就说：“如果当初我不这样就好了”、“如果当初我那样做就好了”、“如果我有这样一个上司就好了”等等。这不是对失败原因的正确总结，而是一种无可奈何的叹息。这样下去，只能使意志消沉，于事无补。

美国一个成功的推销员在回答如何训练推销员时说道：“我教他们做一个只想‘如何’的人，而不是做一个只想‘如果’的人。”

他指出了考虑“如何”和只想“如果”之间的差异。“想‘如果’的人，只是难过地追悔一个困难或一次挫折，悔恨地对自己说：‘如果我没有做这或那……如果当时的环境不一样的话……如果别人不这样不公平地对待我的话……’就这样从一个不妥当的解释或推理转到另一个，一圈又一圈地打转，终是于事无补。不幸的是，世上有不少这样只想‘如果’的失败的人。考虑‘如何’的人在麻烦甚至于灾难降身时，不浪费精力于追悔过去，他总是立刻找寻最佳的解决办法，因为他知道总会有办法的。他问自己：‘我如何能利用这次挫折而有所创造？我如何能从这种状况中得出些好结果来？我如何能再从头干起，重振旗鼓?'他不想'如果',而只考虑'如何'。这就是我们教给我们推销员的成功程式。"

"考虑'如何'的人会很有效率地解决问题,因为他知道在困难之中总可以找到价值。他不把时间浪费在没有助益的'如果'上,而立刻去思量具有创造性的'如何'。他排除有破坏力的想法,而运用有建设效果的想法。而且他永不放弃,无论如何,他也不放弃。请你相信我,"他最后说,"如果今天世界上有更多只考虑'如何'的人,你想想看我们会做出多少事来?"

所以,遇到困难和问题,遭受失败和挫折以后,把注意力放在"如果"上面是解决不了任何问题的,每每到了这个时候,最为关键的是要想到"如何"二字,即如何摆脱困境,如何从失败中奋起,如何解决自己面临的问题。当然,每个人遇到的具体问题不同,回答"如何"的答案也不同,但回答这样的一个问题却是必须做的。例如,日本矿山大王古河市兵卫,在遇到困难和挫折的时候,以"忍耐"二字来回答"如何"二字。

他在青年时期受雇于高利贷业者,当收款员。有一天晚上,他到客户那儿催讨钱款,对方毫不理睬,并且干脆熄灯就寝,一点儿都不把古河放在眼里。古河对他毫无办法,忍饥受饿,一直等候到天亮。早晨,古河并没有显出一点愤怒,脸上仍然堆满笑容。对方被古河的耐性所感动,立即态度一变,恭恭敬敬地把钱付给了他。

他的这种认真随和又富有耐性的工作精神,诚恳的待人态度,让老板大为欣赏,没有多久,老板就介绍他去财主古河家做养子，之后，他便进入豪商小野组（组等于现在的公司）服务，因工作表现优异，几年后就被提升为经理。

古河买下废铜矿——足尾铜矿时，第一银行董事长涩泽荣一因为对古河的为人佩服得五体投地，在没有担保的情况下主动借给他一万两金子，让他作为挖铜矿的资金。

这个足尾铜山是个早已被人遗弃的废铜矿，因此，他一开始进行开采，就有人嘲笑他，视他为疯子。然而他有耐心和不怕打击的坚强意志，对世人的嘲笑他置之不理。

就这样，一年过去了，两年过去了，却不见铜的影子，而资金却一天一天地在减少。但他一点儿都不气馁，面对困境，咬紧牙关，抱定了死在矿山的决心。跟矿工们同甘共苦，惨淡经营，4年如一日。就在一万两金子几乎要化为乌有时，苦尽甘来，铜，终于挖出来了。他完成了别人认为不可能成功的事。

有人问古河成功的秘诀。他说："我认为发财的秘方在于'忍耐'二字。能忍耐的人，能够得到他所要的东西。能够忍耐，就没有什么力量能阻挡你前进。忍耐即是成功之路，忍耐才能转败为胜。"

总之，在遇到失败和挫折的时候，"如果"的设想和借口没有用，"如何"的回答才能解决问题，只要多想想"如何"去做，而不是纠缠于"如果"式的各种借口中，克服困难，走出失败就大有希望。

不为失败找借口

失败者的借口是最可怜的。任何一个人在追求人生胜局时，必然面临挫折，从挫折中汲取教训，是迈向成功的踏脚石。真正的失败是犯了大错，却未能及时从中汲取有用的经验教训。当我们观察成功人士时，会发现他们的背景都不相同。那些大公司的成功员工和经理，他们都经历过艰难困苦的阶段。

把每一个“失败”先生拿来跟“平凡”先生以及“成功”先生相比，你会发现，他们各方面（包括年龄、能力、社会背景、国籍以及任何一方面）都很可能相同，只有一个例外，就是对遭遇挫折的反应大小不同。

当“失败”先生跌倒时，就无法爬起来了，他只会躺在地上骂个没完。

“平凡”先生会跪在地上，准备伺机逃跑，以免再次受到打击。

但是，“成功”先生的反应跟他们不同。他被打倒时，会立即反弹起来，同时会汲取这个宝贵的经验，再往前冲刺。

马上停止诅咒命运吧，因为诅咒命运的人永远得不到他想要的任何东西！

拿破仑·希尔深知，成功就是一连串的奋斗，对此他特意讲了一个故事：我最要好的朋友是个非常有名的管理顾问。一走进他的办公室，马上就会觉得自己“高高在上”似的。

办公室内各种豪华的装饰、考究的地毯、忙进忙出的人潮以及知名的顾客名单都在告诉你，他的公司的确成就非凡。

但是，就在这家鼎鼎有名的公司背后，藏着无数的辛酸血泪。他创业之初的头6个月就把10年的积蓄用得一干二净，一连几个月都以办公室为家，因为他付不起房租。他也婉拒过无数个好的工作，因为他坚持实现自己的理想；他也被顾客拒绝过上百次，拒绝他的和欢迎他的客户几乎一样多。

就在整整7年的艰苦挣扎中，我没有听他说过一句怨言，他反而说：“我还在学习啊。这是一种无形的、捉摸不定的生意竞争，很激烈，实在不好做。但不管怎样，我还是要继续学下去。”

他真的做到了，而且做得轰轰烈烈。

我有一次问他：“把你折磨得疲惫不堪了吧？”他却说：“没有啊！我并不觉得那很辛苦，反而觉得是受用无穷的经验。”

看看《美国名人榜》就知道，这些功业彪炳千秋的伟人，都受过一连串的无情打击，只是因为他们都能坚持到底，才终于获得辉煌成果。

天下哪有不劳而获的事？如果能利用种种挫折与失败来驱使你更上一层楼，那么一定可以实现你的理想。

教授们都知道，从学生对于成绩不及格的反应可以推测他将来的成就。拿破仑·希尔在大学授课时，曾把毕业班的一个学生的成绩打了个不及格，这个打击实在很大，因为那个学生早已做好毕业后的各种计划，现在不得不取消，真的很难堪。他只有两条路可走：第一是重修，下年度毕业时才拿到学位；第二是不要学位，一走了之。

在知道自己不及格时，他一定很失望，甚至对拿破仑·希尔不满。拿破仑·希尔猜得不错，他真的理论来了。拿破仑·希尔说他的成绩太差以后，他自己也承认对这一科下的功夫不够，但是，他继续说：我过去的成绩都在中等水平以上，你能不能通融一下，重新考虑呢？

拿破仑·希尔明确表示办不到，因为这个成绩是经过多次评估才决定出来的。拿破仑·希尔又提醒他，学籍法禁止教授以任何理由更改已经送交教务处的成绩单，除非这个错误确实是由教授造成的。

知道真的不能改以后，他显然很生气。"教授，"他说，"我可以随便举出本市50个没有修过这门课照样成功的人，你这科有什么了不起！干嘛让我因为这一科就拿不到学位？"

他发泄完了以后，拿破仑·希尔静默了大约四五分钟，他知道避免吵架的好方法就是暂停一下。然后拿破仑·希尔才对他说："你说的大部分都很对，确实有许多知名人物几乎不知道这一科的内容。你将来很可能不用这门知识就获得成功，你也可能一辈子都用不到这门课的知识，但是你对这门课的态度却对你大有影响。"

"你是什么意思？"他反问道。

拿破仑·希尔回答他说："我能不能给你一个建议呢？我知

道你相当失望，我了解你的感觉，我也不会怪你。但是请你用积极的态度来面对这件事吧。这一课非常非常重要，如果不由衷地培养积极的心态，根本做不成任何事。请你记住这个教训，5 年以后就会知道，它是使你收获最大的一个教训。”

几天以后，拿破仑·希尔知道他又去重修时，真的非常高兴，这一次他的成绩非常优异。过了不久，他特地来向希尔致谢，让希尔知道他非常感激以前的那场争论。

“这次不及格真的使我受益无穷，”他说：“看起来可能有点奇怪，我甚至庆幸那次没有通过。”我们都可以化失败为胜利。请你从挫折中汲取教训，好好利用，就可以对这个失败泰然处之了。

拿破仑·希尔说过：“千万不要把失败的责任推给你的命运，要仔细研究失败的实例。如果你失败了，那么就请继续学习吧。可能是你的修养或火候儿还不够的缘故。你要知道，世界上有无数人，一辈子浑浑噩噩、碌碌无为，他们对自己一生平庸的解释不外是‘运气不好’、‘命运坎坷’、‘好运未到’。这些人仍然像小孩那样幼稚与不成熟，他们只想得到别人的同情，简直没有一点主见。由于他们一直想不通这一点，才一直找不到使他们变得更伟大、更坚强的机会。”

马上停止诅咒命运吧，因为诅咒命运的人永远得不到他想要的任何东西！

那些百折不挠、牢牢掌握住目标的人，都已经具备了成功的要素。有许多满怀雄心壮志的人毅力都很坚强，但是由于不会进行新的尝试，因而无法成功。请你坚持你的目标吧，不要犹豫不前，但是也不能太生硬，不知变通。如果你确实感到行不通的话，就尝试另一种方式吧。

培养积极的心态

毫无疑问，积极的心态需要你去培养，消极的心态需要你去铲除，这样你才有可能成就大事。每个人的心灵都有一个法宝，它像硬币一样具有两面性，正面写着积极心态，反面写着消极心态。这个法宝的力量令人吃惊。积极心态让人积极进取，创造成功；消极心态却让人绝望而平静地生活，永远没有改变平凡命运的机会。

令人略感宽慰的是：这两种心态的力量都不会主动出现，必须随人的主观愿望来实施，因此，克服消极心态是可能的。办法很简单，就是永远把法宝的正面翻出来，激励自己去争取成功。

积极的心态表现为一种必胜的信念。日本兵法经营学者大桥武夫早年曾经营一家生产手表壳的小厂，在高度的竞争环境中，他十分自信地认为，他的企业一定能够成功，绝不会被大企业打败。大桥十分推崇的一句名言是："战胜，始于将帅坚信必胜；战败，生于将帅自认失败。"他认为一个企业的领导如果没有勇敢的攻击精神和必胜的信念，他绝不能作为一个经理。大桥自己说，他就是依靠了必胜的信念和攻击精神才度过了几次大的波折，终于转危为安。

一个人如果要像领袖那样克敌制胜，就必须相信自己；如果要像领袖那样自找苦吃，就必须相信自己的事业。只有自己相信自己，才能说服别人相信自己。

积极向上的心态是成功者最基本的要素。

记住！你认识到你自己积极心态的那一天，也就是你将遇到最重要的人的那一天；而这个世界上最重要的人就是你！你的这种思想、这种精神、这种心理就是你的法宝、你的力量。

克里蒙·斯通生于1902年，童年时家在芝加哥南区，他曾卖过报纸。斯通卖报时，有家餐馆把他赶出来好几次，但他还是一再地溜进去。那些客人见他这样勇气非凡，便劝阻餐馆的人不要再踢他出去。结果他的屁股被踢得很疼，口袋却装满了钱。这事不免令他深思："哪一点我做对了呢？哪一点我做错了呢？下次我该怎样处理同样的情形呢？"他一生中都在这样地问自己。他把握积极向上的心态，每天都付出巨大的努力，结果终于成为美国著名的行为学家。

积极的心态必是正确的心态。正确的心态总是具有"正性"的特点，例如：忠诚、仁爱、正直、希望、乐观、勇敢、创造、慷慨、容忍、机智、亲切和高度的通情达理。具有积极心态的人，总是怀着较高的目标，并不断奋斗，以达到自己的目标。

消极的心态则具有与积极的心态相反的特点。如果说，积极是人类最大的法宝，那么，消极就是人类致命的弱点。如果不能克服这一致命的弱点，你将失去希望之所在，并失去希望之所由，悲伤、寂寞、烦躁、颓废、痛苦，世界将因此毁灭。

不！我们不要这样。我们虽有很多弱点，但我们不是弱者。积极心态的树立，将使我们很快地摆脱消极心理的阴影，成为一个快乐的强者！

不要由于没有成功就责备这个世界的不够完美与现实，这是可笑与可悲的。你要像所有成功者那样发展自己火热的谋求不平凡的愿望。怎样发展？把你的心放在你所想要的东西上，使你的心远离你所不想要的东西。这样才能让自己真正不同凡响。

不要拒绝励志书籍和他人的帮助和指引，更不要拒绝自己内心的冲动。

绝不能低估消极心态的排斥力量，如不重视，你未必是它的对手。它能阻止人生的幸运，不让你受益。对于那些有积极心态的人来说，每一种逆境都含有等量或更大利益的种子。有时，那些似乎是逆境的东西，其实是上升的好机会。你愿意花费时间从事思考以便决定你怎样才能把逆境转化为等量或更大的利益吗？请这样回答说：我当然愿意！

请接受这样一件无价的礼物——欢乐的劳动；请寻求人生的最大价值，热爱人们，为人们服务。

你能由失望而得到好处吗？是的，失望已被我积极的心态转化为励志的希望了，某些失望正是新希望的开头呢！请对你的朋友说：嘿，我失望了，但我终于想通了！

继续工作！重新端正自己对生活、工作与学习的态度，并且把今天的挫折转化为明天成功的动力。是的，我很不满意！为此，我要……不，不是颓唐，而是努力！请相信，每当这时，积极的心态可以拯救你的困惑或苦难，并把那些好像不可能的事转化为现实。你要对自己热情、快乐而肯定地说："我没有失败，让我继续工作！"你有这一勇气吗？只有勇敢者才可能是强者。

爱迪生的积极心态支持他通过了一万次失败，导致他发明了白炽电灯。这个发明迎来了伟大的电气时代，给我们提供了巨大财富。

亨利·福特的积极心态使他得以在制造他的第一部汽车早期斗争中处于领先地位；他在建立不朽的工业企业中，把积极心态当做他最伟大、最重要的资产。这个企业使他比克利萨斯更富有；他并且又直接和间接地大约给1000多万名男男女女提供了工作的机会。

卡内基的积极心态使他从贫穷和阴暗中崛起，作为他建立工业的主要资产；这种工业诞生了伟大的钢铁时代，现在还当做我们整个经济系统中最重要的一个环节。

圣雄甘地的积极心态是统治印度达许多世代的英国强大军事力量的强大对手。正是甘地的积极心态把两亿多名同胞组成了一个"集体心理"联盟，这些人给他的积极抵抗增添了巨大的力量，因而从英国的控制下解放了印度，却未放一枪，未损一兵。

正是宏伟的"金门"悬桥建造者的积极心态，使他不顾他最初认为这件工程在工程学上是不可能的这个事实，终于造成了世界上最长的单跨度桥。

变成世界上最重要的人，那个人就是“你”。你的成功、健康、幸福与财富，依靠你如何应用你看不见的法宝——心态。你将怎样应用它呢？这由你自己选择。

你的心理就是你的不可见而恒定的法宝。它的一面装饰着“积极的心态”5个字，另一面装饰着“消极的心态”5个字。积极的心态具有吸引真善美的力量；而消极的心态则完全排斥它们，正是消极的心态剥夺了一切使你的生活有价值的东西。

永葆进取向上的积极心态

很多时候大部分人之所以不成功，是因为他们不“想”成功，或者说他们不具备成功者的心态。知识与才能是成功的发动机，而积极的心态则是成功发动机中的润滑剂。通过对大量成功者的研究，我们可以看到，几乎所有的成功者都表现出一个共同的特征，那就是积极的心态。有的人仿佛天生就具备积极乐观、善于自我激励等特征，而有的人则是经过苦难的磨砺主动地培养了积极的个性。没有什么比积极的心态更能使一个普通平凡的人走上成功的道路，从这个角度讲，积极的心态是成功理论中最重要的原则之一。如果你已具有积极的心态，那么恭喜你；如果你能培养积极的心态，那么你也必定能走向成功。

从今天开始，让培养积极的心态成为每个追求成功者的首要任务。

那么如何战胜自我，培养积极的心态呢？要通过积极自我指导的方法，要与消极的自我形象作战。美国心理学家威特利先生曾对此作出很好的总结，根据心理学和成功学的研究，以下三种做法很可能对你是有帮助的：

①生活突破意识，或者称为积极的自我意识。很多人为他自己的生活自动设限，这样就从心理上大大限制了自己的活动空间。你可以学会使你的生活突破局限，“局限”往往是你心理上的障碍，比如认为自己不具有得到物质上的成功或心灵快乐的能力或潜能，等等。其实，你是有能力使自己的生活大大超过目前的状况的。你可以通过观察、学习、分析、模仿和推理来提高自己、充实自己，你也可以通过尝试新的东西来提高成功的可能性。你将会面临的最大困难很可能就是你内心深处的意识——一种自我设限的意识。你要记住，任何一个人都可以修改他自己人生的“剧本”，成为生活中的胜利者。我们每个人都是自己一生的编剧和导演，而人生这场戏永远也不落幕。无论你年龄多大，从事何种职业，处在人生的哪一个站点，你都可以改写你的生活剧本。

②必胜的信念，或者称为积极的自我。你要在内心对自己说：“我喜欢我自己。在这个世界上，我是独一无二的。我的存在有着特殊的价值，我始终有别人所不能替代的地方。”这种方法也是日本推销学大师原一平所大力倡导并身体力行的。当原一平还是个普通的保险业务员的时候，他就通过这一方法来进行自

我激励，最后他获得了成功。不管你的境况如何，你都要通过自我的心灵沟通来进行自我激励，从而你会产生强烈的自尊心，也就是学会了爱自己。不要把自己同别人作不恰当的比较，每个人都有他特殊的天赋与优势，只要把你的卓越之处展现出来，你就能成功。比如美国发明大王爱迪生在上学的时候都是班上成绩最差的学生，如果他以学习成绩来衡量自己的价值，那么他显然就不会有后来的成就。你可能没有考上大学，或者没有进入名牌大学，但这都没有关系，重要的是，你要重新审视你自己的能力、兴趣和目标。你必定还不完美，就像每个人一样，但你要把自己看成是一个有特殊价值的、不断变化、不断成长的人。虽然我们的天资与能力倾向参差不齐，但每个人都可能有出色的表现。

③积极地去争取你想要的东西，或者是要有积极的自决意识。如果你喜欢一个女孩子，又不采取行动，你是无法得到她的芳心的。成功者主动出击，而失败者听天由命。你要记住，生活是一项巨大的工程，而你是自己生活的工程师，所有重要的方面都要你来规划设计。要想建成一个美妙的、充满艺术性的工程，就需要你自己动手去做，因此，你要学会培养两种至关重要的能力：第一，生活是变化无常的，你要懂得灵活应变，你要在这变化中抓住对你最重要的东西；第二，你还要培养这样的能力，即懂得为了明天的人生目标而放弃今天暂时的快乐。

一点一滴地积累

决心获得成功的人都知道，进步是一点一滴不断地努力得来的，就像“罗马不是一天造成的”一样。例如，房屋是由一砖一瓦堆砌成的；足球比赛最后的胜利是由一次一次的得分累积而成的；商店的繁荣也是靠着一个一个的顾客逐渐壮大的。所以每一个重大的成就都是一系列的小成就累积而成的。

全世界找到最大的一颗钻石的人，他的名字叫索拉诺。很多人都知道索拉诺，他找到了一颗名为“Librator（自由者）”的全世界最大的钻石。可是没有人知道索拉诺在找到这一颗钻石以前，他已经找到过100万颗以上的小鹅卵石，最后才找到这一颗全世界最大的钻石。

西华·莱德先生是个著名的作家兼战地记者，他曾在1957年4月的《读者文摘》上撰文表示，他所收到的最好的忠告是“继续走完下一里路”，下面是其中的几段文字：

“在第二次世界大战期间，我跟几个人不得不从一架破损的运输机上跳伞逃生，结果迫降到缅印交界处的树林里。如果要等救援队前来援救，至少要好几个礼拜，那时可能就来不及了，只好自己设法逃生。我们唯一能做的就是拖着沉重的步伐往印度走，全程长达140里，必须在8月的酷热和季风所带来的暴雨的双重侵袭下，翻山越岭’长途跋涉。

“才走了一个小时，我的一只长统靴的鞋钉刺到另一只脚上，傍晚时双脚都起泡出血，范围像硬币那般大小。我能一瘸一拐地走完140里吗？别人的情况也差不多，甚至更糟糕。他们能不能走呢？我们以为完蛋了，但是又不能不走，好在晚上能找个地方休息。我们别无选择，只好硬着头皮走下一里路……”

“当我推掉原有工作，开始专心写一本15万字的大书时，一直定不下心来写作，差点放弃我一直引以为荣的教授尊严，也就是说几乎不想干了。最后不得不记着只去想下一个段落怎么写，而非下一页，当然更不是下一章了。整整6个月的时间，除了一段一段不停地写以外，什么事情都没做，结果居然写成了。

“几年以前，我接了一件每天写一则广播剧本的差事，到目前为止一共写了2000个。如果当时就签一张‘写作2000个剧本’的合同，一定会被这个庞大的数目吓倒，甚至把它推辞掉。好在只是写一个剧本，接着又写一个，就这样日积月累，真的写出这么多了。”

“继续走完下一里路”的原则不仅对西华·莱德很有用，当然对你也很有用。

按部就班做下去是达成任何目标唯一的聪明做法。最好的戒烟方法就是“一小时又一小时”坚持下去，有许多人用这种方法戒烟，成功的比率比别的方法要高。这个方法并不是要求他们下决心永远不抽，只是要他们决心不在下一个小时内抽烟而已。当这个小时结束时，只需把他的决心改在另外一小时内就行了。当抽烟的欲望渐渐减轻时，时间就延长到两小时，又延长到一天，最后终于完全戒除。那些一下子就想戒除的人一定会失败，因为心理上的感觉受不了。一小时的忍耐很容易，可是永远不抽那就难了。

想要达成任何目标都必须按部就班做下去才行。对于那些初级经理人员来讲，不管被指派的工作多么不重要，都应该看成“使自己向前跨一步”的好机会。推销员每促成一笔交易时，就有资格迈向更高的管理职位了。

牧师的每一次布道、教授的每一次演讲、科学家的每一次实验，以及商业主管的每一次开会，都是向前跨一步、更上一层楼的好机会。

有时某些人看似一夜成功，但是如果你仔细看看他们过去的奋斗历史，就知道他们的成功并不是偶然得来的，他们早就倾注了无数的心血，打好了坚固的基础。那些暴起暴落的人物，声名来得快，去得也快，他们的成功往往只是昙花一现而已，他们并没有深厚的根基与雄厚的实力。

请尝试做下面的事情：把你下一个任务（不论看来多么不重要），看成迈向最终目标的一个步骤，并且马上去进行。时时记住下面的问题，用它来评价你做的每一件事。“这件事对我的目标有没有帮助？”如果答案是否定的，就放弃它；如果是肯定的，就要加紧推进。

我们无法一下子就达到成功，只能一步步走向成功。所谓优良的计划，就是自行设定每个月的配额或清单。

富丽堂皇的建筑物都是由一块一块独立的石块建造而成的，可是石块本身并不美观。成功的生活也是如此。做每一件事，都要竭尽全力。

做每一件事，都要竭尽全力

迈克·兰顿生长在不正常的家庭里，父亲是个犹太人（十分排斥天主教徒），而母亲却偏偏是个天主教徒（却又十分排斥犹太人）。在他小的时候，母亲经常闹着要自杀，当遇到不顺心的事时，便抓起挂衣架追着他毒打。就因为生活在这样的环境中，所以他自幼就有些畏缩且身体瘦弱。然而日后他在那部叫座的电影——《草原上的小屋》中却扮演了那个殷格索家庭的一家之主，坚毅而充满自信的性格给大家留下了深刻的印象。迈克的人生为什么会有这样的改变呢？

在他读高中一年级时的一天，体育老师带这一班学生到操场去教他们如何掷标枪，而这一次的经验就此改变了他后来的人生。在此之前，不管他做什么事都是畏畏缩缩的，对自己一点自信都没有，可是那天奇迹出现了，他奋力一掷，只见标枪越过了其他同学的纪录，多出了足足有30英尺。就在那一刻，迈克知道了自己的前途大有可为。

在其日后接受《生活》杂志的采访时，他回想道："就在那一天，我才突然发现，原来我也有能比其他人做得更好的地方，当时便请求体育老师借给我那支标枪，在那年整个夏天里，我就在运动场上掷个不停。”

迈克发现了使他振奋的未来，他全力以赴，结果拥有了惊人的成绩。

那年暑假结束返校后，他的体格已有了很大的改变，而在随后的一年中，他特别注意加强重量训练，使自己的体能逐步提升。

在高三时参加的一次比赛中，他掷出了全美中学生最好的标枪纪录，因而也让他赢得了南加大的体育奖学金。

后来，他因锻炼过度而严重受伤，经检查证实要永久退出田径场，这使他因此也失去了体育奖学金。为了生计，他不得不到一家工厂去担任卸货工人，他的梦似乎就此完结，永远无法成为一位国际瞩目的田径明星了。

不知道是不是幸运之神的眷恋，有一天他被好莱坞的星探发现，问他是否愿意在即将拍摄的一部电影影片《鸿运当头》中担任配角。这部影片是美国电影史上所拍的第一部西部彩色片，迈克应允加入演出后从此就没有回头，先是当演员，然后做导演，最后成为制片，他的人生事业就此一路展开。一个美梦的破灭往往是另一个未来的开始，迈克原先有在田径场上发展的目标，这个目标引导着他锻炼强健的体格，后来的打击又磨炼了他的性格，不料这两种训练却成了他另外一个事业所需的特长，使他有了更耀眼的人生。

有时候，机会是乔扮成失望出现在我们的眼前的。机遇之神出现时，从不佩带财富、成功或者荣誉的标志。做每一件事，都要竭尽全力；否则，最好的机会都会悄无声息地从我们身边溜走。

相信自己的能力，就有可能

在这个世界上，你若是想要过着成功的生活，是绝对可能办到的。

18 世纪英国的大政治家伯基说过：“无法付诸实现的事物，是不值得我们去追求的。在这个世界上，若是经过了解以及正确的追求而仍然无法得到的东西，那么，这种东西对我们就毫无益处。”

但是，你必须相信你自己，并且认为你有资格获得成功与幸福。

可是大多数人却无法发挥这些潜在的能力。

今天依然有许多消极的思考者，他们会像传教士那样急于告诉你，这件事并不是如此，而且他们会不断地辩驳，以支持他们的消极观念，因为他们的天性总是喜欢责难积极的思想。为什么？也许是因为他们不希望自己成功，他们乐于被打败，他们拥有失败的意志——一种病态的心理态度；他们也不希望其他人成功，他们希望事情恶化，如此他们就可以更进一步抱怨或批评，或是因为他们把这视为和他们自己的失败形式相等。但是，一个有智慧的诚实思考者，如果他知道了我们的方法曾经在许多以前的失败者身上创造出奇迹，他就会去追求这个精神真理。

所以，对这个“不可能”采取一种新的看法吧。在心理上超越它，如此你就能站在高高的位置上，低头俯视你的问题。任何人想要解决问题，必须在他的思想过程中超越问题，这样，问题就不会显得如此令人畏惧，而且他会产生更大的信心，深信自己有能力去解决它。

人们拥有与生俱来的能力，能够应付和对抗环境加在他们身上的一切打击。有几千人，甚至有几十万人听过这种说法，并且热烈地发挥了积极思考的力量。

他们受到鼓舞，精神奋发，对他们来说，生命产生了喜悦的新意义，他们已经发现了那股力量——维持鼓舞前进的美好力量。

当你遇到困难或障碍时，你如何能够维持你高昂的情绪？当某些毁灭性的打击侵害到你的健康、你的力量以及你的幸福时，利用什么方法可以维持你那奋发的态度？每一天、每一个地方，都有数不尽的人提出这些问题。

奇特·克莱格是一位虔诚的积极思考者，他总是通过不断地运动来锻炼身体，有时候每周要步行达100里。突然有一天，他的身体发生了剧烈的疼痛，后来他进行了一次大手术。即使如此，他仍然保持着良好的精神状态。“我必须运用我的思想，如此一来，病态的思想才不会像病态的组织那般地在我体内成长。我完全把它控制了。”他很肯定地宣称，“我即将控制一切。”

还有一个人，他无法站立，两条腿都瘫痪了，但是他的头脑并没有瘫痪，因为他坐在轮椅上，发表了一篇极为精彩的演说。他发表演说的时候，台下所有的听众屏息聆听他的演说，他们并不是出于对他的同情，而完全是因为他的演讲太精彩了。他的语气精练、深刻、和蔼、幽默、有说服力。他拥有成为一位有影响力的公共关系者、一位有号召力的公共演说者所必须拥有的一切特性。

后来，有媒体人士对他这种杰出的表现发表了评论，并表示了敬佩。他却淡淡地说：“头脑并不是在腿上，而是在人的头部。我的双腿虽然瘫痪了，但我的头脑从来没有停止思考，它从未瘫痪。我已经发现我即使没有两条能够行动的腿，也能够照常生活，因为我仍然拥有一个会思考的脑袋。”

很显然，上面这两个人拥有一颗内在的激励心、一颗天生的上进心，使他们得以克服身体上的缺陷和困难。这两个人对于“不可能”这个词不屑一顾。“不可能？那是什么意思？”“忘掉这个词吧。我只想到‘可能’这个词。”他们都曾考虑过“不可能”这个词，但显然对它没有兴趣。

不断进取是优秀员工的必备条件

1673年2月的一天，法国著名喜剧作家莫里哀患了严重的肺病，又受了风寒，身体十分虚弱，但他还是不顾亲人和朋友的劝阻，以顽强的毅力克服身体上的巨大痛苦，参加自己的新作《无病呻吟》的演出，并出演男主角。莫里哀全神贯注地投入了角色的塑造，由于咳嗽，震破了喉管，他的生命结束在了舞台上。

英国化学家、物理学家道尔顿从十七八岁开始科研生涯，从此终生不离开试验室。他对气象、物理和化学三门学科都作出了很大贡献。1844年他在试验室去世前的几个小时，还像往常一样记录下了当天的气象数据。

三百多年前发明显微镜的荷兰著名生物学家列文虎克，晚年更加拼命地工作，他用自己制造的显微镜，夜以继日地观察动、植物细胞，并详细记录观察结果。他的研究成果公布后，向世人展示了一个崭新的世界——微观世界，引起了全世界的轰动。

著名国画艺术大师齐白石，40岁才开始学画，直到60岁前画虾还主要是靠摹古。62岁时，齐白石认为自己对虾的领会还不够深入，需要长期细心观察和写生练习，于是就在画案上放一水碗，常年养着几只虾。他反复观察虾的形状、动态。这个时期的工夫，依然还是侧重在追求外形，画出的虾外形很像，但精神不足，还不能表现出虾的透明质感。65岁以后，齐白石画虾产生了一个飞跃，虾的头、胸、身躯都有了质感。这以后他开始专攻虾的某些部位，画虾不仅追求形似，更追求神似。70岁达到了形神兼备的程度，到了80岁，齐白石老人笔下的虾简直是炉火纯青了。

著名诗人、女作家柯岩说："在创作上，我永远不满足于一种形式，总想多尝试一些样式。我觉得，多掌握一种形式，就像一个战士多了一种武器……"

她原名冯恺，"柯岩"是笔名。关于这个笔名，柯岩解释道："我们中国的古代人把绿绿的小树称之为柯；岩呢，当然是大大的坚硬的石头。岩石上是很难长出树来的，因此，凡是能在岩石上成活的树，它的根须必须透过岩石的缝隙寻找泥土，把根深深地扎入大地，它的生命力必须加倍地顽强……我取它做我的笔名，因为我知道写作是一件很难的事，决心终生扎根大地，终生奋力地攀登，从而使我的作品能像岩石上的小树那样富有生命力。"

在心脏病和肾病的折磨中，她的身体垮了，却仍然那样乐观。"未来，多么美好呵！为了它，我要努力做人，努力作文！"她说："只要我拿起我的笔，我努力、我追求，我的愿望只是让我的作品像岩石上的小树一样，能给我们的人民贡献一分氧气，能给我们的生活投下一片绿阴……"

柯岩以坚实的创作实践，圆了自己起步时的文学梦，在当代文学史上赢得了地位，在四十多年的创作生涯中，在儿童文学（诗歌和戏剧）、诗歌、散文、报告文学、长篇小说及影视等领域里，她的辛勤劳动都结出了丰硕的果实。因此，人们称她是20世纪中国文坛上的一位全能式的作家。

上面列举的几个中外名人，都是生命不息，奋斗不止，为我们树立了光辉的典范。

第六章

绩效是最有力的无形标杆

有些管理者总爱罗列出各种条条框框，以此“管理”员工，其实此法并不可过分，但真正的管理之道是：让员工自己面对“绩效”这面无情之镜，对照自己每天做了多少。

让人人都看重绩效考评

绩效考评是公司新经理人绩效管理的一个重要方面，也可以说是一个难点。绩效考评是指对员工的工作进行客观的评价，这种评价直接关系到薪金调整、奖金发放、职务升降等诸多员工的切身利益；如果做得不好，会起到适得其反的作用。

许多新经理人都有这样的体会：涨工资和发奖金都不是一件容易的事情。如果新经理人对这些事情的处理无法得到员工的满意，很容易让员工对公司产生抱怨，或者让员工之间发生冲突。之所以让员工不能感到满意，是因为企业无法拿出有说服力的证据，来说明谁的工作出色，谁的不出色，出色的与不出色的到底差别有多大，对员工进行绩效考评可以解决这个问题。除此之外，绩效考评还可以让员工们明白自己在企业的真实表现（企业对员工的评价）和企业对员工的期望，并且能为员工的晋升和降职提供有力的参考依据。

绩效是业绩和效率的统称，包括活动过程的效率和活动的结果两层含义。经营业绩是指经营者在经营管理企业的过程中对企业的生存与发展所取得的成果和所作出的贡献；管理效率是指在获得经营业绩过程中所表现出来的盈利能力和核心竞争能力。

绩效考评是一种正式的员工评估制度，它是通过系统的方法、原理来评定和测量员工在职务上的工作行为和工作效果。绩效考评是企业管理者与员工之间的一项管理沟通活动。绩效考评的结果可以直接影响到薪酬调整、奖金发放及职务升降等诸多员工的切身利益。绩效考评的最终目的是改善员工的工作表现，以达到企业的经营目标，并提高员工的满意程度和未来的成就感。美国组织行为学家约翰·伊凡斯维奇认为，绩效考评可以达到以下八个方面的目的：

1. 为员工的晋升、降职、调职和离职提供依据；
2. 组织对员工的绩效考评的反馈；
3. 对员工和团队对组织的贡献进行评估；
4. 为员工的薪酬决策提供依据；
5. 对招聘选择和工作分配的决策进行评估；
6. 了解员工和团队的培训和教育的需要；
7. 对培训和员工职业生涯规划效果的评估；
8. 对工作计划、预算评估和人力资源规划提供信息。

根据绩效考评的考评内容，可以分为效果主导型、品质主导型和行为主导型三种类型：

1. 效果主导型

考评的内容以考评工作效果为主，效果主导型着眼于“干出了什么”，重点在结果，而不是行为。由于它考评的是工作业绩，而不是工作过程，所以考评的标准容易制定，并且考评也容易操作。目标管理考评方法就是对效果主导型内容的考评。效果主导型考评具有短期性和表现性的缺点，它对具体生产操作的员工较适合，但对事务性工作人员的考评不太适合。

2. 品质主导型

考评的内容以考评员工在工作中表现出来的品质为主，品质主导型着眼于“他这个人怎么样?”由于品质主导型的考评需要使用如忠诚、可靠、主动、有创造性、有自信，有协作精神等定性的形容词，所以很难具体掌握，并且操作性与效度较差，但是它适合对员工工作潜力、工作精神及人际沟通能力的考评。

3. 行为主导型

考评的内容以考评员工的工作行为为主，行为主导型着眼于“干什么”、“如何去干的”，重在工作过程，而非工作结果。考评的标准较容易确定，操作性较强。行为主导型适合于对管理性、事务性工作进行考评。

绩效考评最显而易见的用途是为员工的工资调整、职务变更提供了依据。但它的用途不仅仅是这些，通过绩效考评还可以让员工明白企业对自己的评价，自己的优势、不足和努力方向，这对员工改进自己的工作有很大好处。另外，绩效考评还可以为管理者和员工之间建立起一个正式的沟通的桥梁，促进管理者和员工的理解和协作。

具体而言，绩效考评主要有以下几方面的用途：

1. 为员工的薪酬调整、奖金发放提供依据

绩效考评会为每位员工得出一个评价考评，这个考评结论不论是描述性的，还是量化的，都可以为员工的薪酬调整、奖金发放提供重要的依据。这个考评结论对员工本人是公开的，并且要获得员工的认同，所以，以它作为依据是非常有说服力的。

2. 为员工的职务调整提供依据

员工的职务调整包括员工的晋升、降职、调岗，甚至辞退。绩效考评的结果会客观地对员工是否适合该岗位做出明确的评判。基于这种评判而进行的职务调整，往往会让员工本人和其他员工接受和认同。

3. 为上级和员工之间提供一个正式沟通的机会

考评沟通是绩效考评的一种重要环节，它是指管理者（考评人）和员工（被考评人）面对面地对考评结果进行讨论，并指出其优点、缺点和需改进的地方。考评沟通为管理者和员工之间创造了一个正式的沟通机会，利用这个沟通机会，管理者可以及时了解员工的实际工作状况及深层次的原因，员工也可以了解到管理者的管理思路和计划。考评沟通促进了管理者与员工的相互了解和信任，提高了管理的穿透力和工作效率。

4. 让员工清楚企业对自己的真实评价

虽然管理者和员工可能经常会见面，并且可能经常谈论一些工作上的计划和任务，但是员工还是很难清楚地明白企业对他自己的评价。绩效考评是一种正规的、周期性的对员工进行评价的系统，由于评价结果是向员工公开的，员工就有机会正面地清楚企业对他的评价，这样可以防止员工不正确地估计自己在组织中的位置和作用，从而减少一些不必要的抱怨。

5. 让员工清楚企业对他的期望

每位员工都希望自己在工作中有所发展，企业的职业生涯规划就是为了满足员工的自我发展的需要，但是，仅仅有目标而没有进行引导，往往也会让员工不知所措。绩效考评就是这样一个导航器，它可以让员工清楚自己需要改进的地方，指明了员工前进的航向，为员工的自我发展铺平了道路。

6. 企业及时准确地获得员工的工作信息

为改进企业政策提供依据，通过绩效考评，企业管理者和人力资源部门可以及时准确地获得员工的工作信息。通过这些信息的整理和分析，可以对企业的招聘制度、选择方式、激励政策及培训制度等一系列管理政策的效果进行评估，及时发现政策中的不足和问题，从而为改进企业政策提供了有效的依据。

没有原则的考核没有用

制定考评内容是编制考评的第一步，新经理人在制定内容时，要注意体现以下两个方面的内容：

1. 公司的管理原则，即公司鼓励什么、反对什么。

2. 该岗位的工作要点，考评内容要抓重点，不能面面俱到，另外对于难于考评的项目也要谨慎处理。

绩效考评是考评员工的工作水平，所以员工个人的生活习惯、行为举止、个人癖好等内容不宜作为考评项目出现，如果这些内容妨碍到工作，其结果自然会影响到相关工作的考评成绩。

考评项目是客观考评还是主观考评，要根据被考评岗位的具体情况处理。如对项目组开发人员的考评，由于开发人员每个任务不可能一样，所以宜使用主观考评，如任务难度、任务紧迫度、协作精神、努力程度等；对办公室文员的考评应使用具体内容和抽象内容相结合的形式，因为文员有常规性事物处理，如打字、订车票、采购办公用品、维护固定资产等等，这些具体工作使用客观考评，另外对他的工作态度和作风也有要求，如是否热情、是否公正等，这是主观考评。

考评的尺度一般使用五类标准：极差、较差、一般、良好、优秀。也可以使用分数，如 0 至 10 分，10 分是最高分。对于不同的项目根据重要性的不同，须使用不同的分数区间；使用五类标准考评时，在计算总成绩时也要使用不同的权重。

人事部门制定考评内容的初稿，然后要与被考评人和考评人深入地进行讨论，最终的定稿需经双方认可。

考评内容制定完成后，要制定相应的考评实施程序。考评实施程序一般分为自评、互评、上级考评、考评沟通四个步骤。

1. **自评**

自评即被考评人的自我考评，考评结果一般不计入考评成绩，但它的作用十分重要，自评是被考评人对自己的主观认识，它往往与客观的考评结果有所差别。考评人通过自评结果，可以了解被考评人的真实想法，为考评沟通做了准备。另外，在自评结果中，考评人可能还会发现一些自己忽略的事情，这有利于更客观地进行考评。(被考评人往往是他的直接上级。)

2. 互评

互评可以在部门内部员工之间进行，也可以由其他部门进行考评。如在一个人数较多的部门中，部门内部员工之间适合进行互评；如果人数少，而这些人主要是服务于其他部门的（如财务部、行政部等)，适合由其他部门进行考评。

在互评中要注意两个问题，首先互评的项目只应是互评人有考评条件的项目，协作精神、努力程度等可以考评，某项工作的完成度则不宜考评（应由直接上级考评)；另外互评要不记名，并相互保密，这样才能保证互评的客观性和真实性。

3. 上级考评

上级考评是考评中必不可少的环节，因为被考评人的上级对他的工作情况最为了解。上级考评要考评所有项目，该考评一般由直接上级进行。

4. 考评沟通

考评成绩统计结束后，考评人要与被考评人做一次沟通，主要是通报考评成绩，并指出被考评人的优缺点和努力方向，指导被考评人改善自己的工作。

在考评沟通中，往往容易发生被考评人不认可自己某些缺点的争执。这要求考评人应事前根据自评结果找出可能产生争执的项目，并对相关内容进行客观的、广泛的调查，在解决这些争执时，才能做到有理有据。最终要使被考评人接受考评结果。

员工在工作的过程中，希望自己的工作被企业承认并得到应有的待遇和事业上的进步，同时也希望被指导，从这种意义上说，员工是希望被考评的。为了满足员工的这种欲望，许多人事专家认为，在对员工进行考评的时侯，应确立以下的原则：

（1）明确化、公开化的原则：企业的考评标准、考评程序和考评责任都应当有明确的规定，而且在考评中严格遵守这些规定，同时这些规定在企业内应该对员工公开，这样才能令员工对考评产生信任感并接受考评的结果。

（2）客观考评的原则：考评应该在遵守上述规定的同时，要以客观事实为考评的准则，避免加入主观性和感情倾向。

（3）单头考评原则：对员工的考评，都应由被考评者的直接上级进行，因为直接上级最了解被考评人的实际工作表现，更高层的领导不应随便对考评的评语进行修改（除非确实有修正的必要）。

（4）反馈的原则：考评的结果一定要反馈给被考评者，否则就不能达到考评的主要目的，应向被考评者进行解释并提出指导。

（5）差别的原则：考评的等级之间应有明显的差别界限，针对不同考评结果的员工在工资、使用、晋升等方面应体现其差别，使考评带有激励性。

绩效考核必须适度地灵活

绩效考核是管理的一支导向标，更是管理者实施有效管理的一根指挥棒。但是，如果对考核的把握失度，该紧不紧、该松不松，就会失去它对于员工的管理作用，这根指挥棒也就成了一根没有任何意义的大头棒子。

领导者应注意，考核等级之间应有明显的差别界限，应针对不同的情况制定不同的考核方法，使考核发挥最大的激励性。

1. 要素评语法

要素评语法是上级评定法的一种，它赋予“考核内容”和“考核要素”以具体的内涵，使每一分数有对应的描述，从而使评价直观、具体和明确。

2. 叙事量表

叙事量表是用来评估其员工的发展和进步的。上级不但要根据工作标准评价员工的表现，而且要提供具体的事实，并且为员工达到或超过工作标准设计一个具体的实施计划。

3. 行为观察量表

量表构建要先通过员工获得关键事件和行为，然后将行为分为几个维度，并评定关键行为代表什么等级的工作表现，再将关键行为列成一张表。上级阅读这些行为并评价员工在多大频率上有这些行为，方法是用5级评分制，从1到5依次表示员工表现该种行为的百分比从小到大。评估完每个员工的具体行为后，对每个维度的所有行为的得分求和，得到该维度的总分。将每一个维度的得分求和得到该员工的整体得分。

4. 行为差别测评法

行为差别测评法先通过一个类似于关键事件法的工作分析程序获得大量的描述句，描述从有效到无效的整个行为系列，再通过整理，根据相似性对项目进行分组，每一组项目具有一个概括性的描述，并将这些描述句作为“绩效标本”。之后，将这些“绩效标本”安排在问卷中，并发放给抽样产生的20位在职者和其上司。对问卷涉及的有效和无效行为的信息进行分析。最后据此制作测评表。

5. 图式化的评定量表法

图式化的评定量表法是上级评定法中最简单和最常用的。图式化的评定量表包括若干的维度和每个维度的得分范围。由上级在量表上评价该员工的工作表现在每一维度上的得分。

6. 日记法

日记法指上级在平时不断地（如每天工作结束的时候）对员工的表现做详尽记录。

7. 强迫分布法

强迫分布法是一种常用的员工间比较的方法，这种方法要求评价者将所有的员工放置在一个正态分布的量表中，这种方法可以避免评价者的分布错误。强迫分布法的主要缺点是不利于创造团队合作的气氛。

8. 迫选量表

建立迫选量表，要先获得对员工行为或特点的描述，然后，确定员工写出的描述句的“差别性指数”和“偏向性指数”。偏向性指数是通过将每一描述句对于最有效和最无效者的测评分数加和然后求平均数，表明描述句的行为或特点的吸引力和合乎需要的程度。差别性指数通过比较每一描述句对于最有效和最无效的测评分数之差而得，反映一个描述句描述一种行为或特点，从而使优秀的职员区分开来的程度。由于考评者较难发现每一组描述句中哪些会最终导致较高（或较低）的考核成绩，从而可以降低考评者对个人的偏袒和贬低。

9. 目标管理法

目标管理法是通过使主管人员和下属共同参与制定双方同意的目标使组织的目标得到确定和满足。这些目标是详细的、可测量的、受时间控制的，而且结合在一个行动计划中。在以双方确定的客观绩效标准为中心的绩效测评期间，每一进步的取得和目标的实现是可以测量和监控的。目标管理的一般程序是：设定组织的目标；设定部门的目标；讨论部门的目标；设定员工的个人目标；工作表现回顾；提供反馈。目标管理法的核心在于将组织的目标首先分解为部门的目标，再分解为员工的目标。员工对于完成目标的方式和进度有很大的自主权。考核非常客观而且考核内容是和工作相关的，但是目标的设定是因人而异的，每个员工的目标的难度都不同，其具体的工作环境和条件也不同，而且每个员工的能力和完成该目标所需要付出的努力也不同，这样很难对不同的员工进行比较，而且并不是所有的工作都可以设定明确的目标。

10. **混合标准量表**

员工评价每一个样本事件在多大程度上代表各种水平的员工表现。对于每一个工作维度，选择一个代表好的、差的和中等的表现的关键行为，然后将这些行为随机排列。混合标准量表可以鉴别出没有逻辑性的测评者。

11. **关键事件法**

关键事件法指员工的上级在绩效考核的过程中回忆他所观察到的员工突出的工作行为，列出一张员工行为的清单，从而将员工的好的行为和差的行为分别记录在表格中，据此对员工进行评价。这样一份结构化的行为记录表，不但提供了考核的依据，而且使考核的结果更为准确和客观。由于要对员工的工作表现进行记录，上级会一直留意员工的工作表现，而不是在年中或年末才根据员工近期的表现做一个评估，而且这样可以给员工提供好的工作范例，上级在给表现较差的员工设定工作目标时，可以将此范例作为工作的样板。

12. **固定行为评价量表**

评价者记录员工的行为，然后和典范行为相比较，再给出员工行为的量化的评估。这样可以使评价更为简单和准确，但建立量表会比较费时，因为需要确定工作的维度和每一维度下的典范行为及其在量表上对应的分数。具体的步骤如下：

（1）创建工作维度；

（2）寻找样本事件；

（3）排列事件；

（4）给事件评分；

（5）选择事件；

（6）创建量表。

评分方法有两种：

（1）上级给员工的每一个行为评分，最后计算每一维度的平均得分；

（2）上级回顾员工的所有表现，得出一个总体的印象，将该印象与量表总的标准行为相比较，得出该维度的分数。固定行为评价量表的优点有：评价的标准非常明确；量表给员工提供了好的和坏的行为样本，可以帮助员工改进表现；有较高的评分者一致性。

13. 固定行为纪律量表

固定行为纪律量表包含两个维度：错误行为（打架、旷工）和重犯错误。该量表类似于车辆管理的评分方案：驾驶员违反交通规则一次记相应的分，当分数累积到一定值时便吊销驾驶执照。该量表主要是用于防范一些对组织不利的行为。

14. 工作表现分布量表

当员工的数量较多时，可以用工作表现分布量表。员工数量较多时，上级很难一次将员工的等级都排列出来，但是比较容易挑出最好的员工和最差的员工。

15. 对偶比较法

当有较多的员工需要进行等级评价时，可以采用对偶比较法。对偶比较法是逐个将员工两两比较，从比较的两个员工中找出表现较好的一个。对偶比较法对员工的评价较为细致，结果更为准确。

16. 等级评定法

为了使评价能够拉开等级，可以采用员工之间比较的方法，即对员工相互之间的工作表现进行比较，获得一个相对的考核结果。最容易和最常用的员工间比较的方法是等级排序法。这种方法将员工的每一个相关维度按照优劣排序，最后求出所有维度评价等级的平均分数作为对该员工的最后的评价等级。

掌握“平衡计分”测评法

美国管理学专家罗伯特·S·卡普兰等人选择了在传统绩效测评方面处于领先地位的12家企业，进行了为期一年的研究，提出了一种“平衡计分测评法”的企业绩效评价方法。卡普兰认为，管理一个复杂性的企业组织，要求经营者能同时从几个方面来考察绩效。卡普兰的平衡计分测评法使经营者从最关键的4个测评指标来观察企业：

（1）顾客如何看我们？（顾客角度）；

（2）我们必须擅长什么？（业务内部角度）；

（3）我们能否继续提高并创造价值？（创新和学习角度）；

（4）我们怎样满足股东？（财务角度）。

卡普兰将顾客角度的指标视为第一位，并认为顾客绩效指标来自组织中所发生的程序、决策和行为。以顾客为基础的测评指标，必须转化为企业内部做什么的指标，因此要求新经理人能从内部角度考察绩效。

卡普兰的“内部业务角度”指的是：“平衡计分测评法的内部测量指标，应当来自对顾客满意度有最大影响的业务程序，包括影响循环期、质量、雇员技能和生产率的各种因素。公司还应努力确定和测量自己的核心能力，即为保证持久的市场领先地位所需的关键技术。”

卡普兰将“创新和学习角度”绩效指标列于第三位，是针对激烈的市场竞争影响股东价值而提出来的。卡普兰指出：“公司创新、提高和学习的能力，是与公司的价值直接相连的。也就是说，只有通过持续不断地开发新产品，为顾客提供更多价值并提高经营效率，公司才能打入新市场，增加收入和毛利，才能发展壮大，从而增加股东价值。”也就是因为市场竞争，企业不得不考虑竞争者对企业绩效（股东利益）的影响。于是，卡普兰将战略而不是控制放在了企业绩效指标的中心位置。

卡普兰最后从股东角度给出了绩效指标，并指出传统的财务绩效指标是从股东利益角度提出的。

不难发现，卡普兰的“平衡计分测评法”，已经从利益相关者角度思考企业管理绩效指标体系问题，但是卡普兰的指标体系中，缺乏经营者角度、债权人角度、供应商角度以及国家角度的指标；同时，除了股东外，并没有给出其他利益相关者的收益指标。由此可以看到，卡普兰的“平衡计分测评法”指标体系，仍然反映股东价值最大化思想。随着工业经济时代的结束和知识经济时代的到来以及现代企业制度的不断发展，从“股东利益最大化”到“利益相关者利益最大化”是必然的发展趋势。企业管理绩效指标体系应该体现这一发展趋势。

为此，我们将卡普兰的绩效指标体系从企业利益相关者的角度重新分类并将其扩充，得到了企业管理绩效的利益相关者指标体系。企业利益相关者包括股东、经营者、雇员、债权人、顾客、供应商、竞争者和国家。

1. 经营者角度的绩效指标

经营者角度的绩效指标是综合性指标，我们所分析的企业管理绩效就是经营者的管理活动的绩效。从现代企业的所有权与经营权分离的特征上考虑，经营者的满意度影响企业整体绩效，所以经营者角度的指标应该单独突出出来。

（1）经营者满意度：经营者的工资和福利；对经营者的股权激励。

（2）经营者管理协调能力：经营者的努力程度；经营者的学历以及领导能力；经营者的知名度、名誉、社会地位以及社会责任感；经营者的信息系统功能。

2. 竞争者角度的绩效指标

（1）竞争强度：行业集中度；行业利润率。

（2）竞争优势与获利能力：市场份额；现金流量；增值额；研究与开发；团队学习状况。

3. 顾客角度绩效指标

（1）顾客满意度：质量方面；设计方面；数量方面；价格方面；服务方面；品位等。

（2）获得可盈利顾客能力指标：市场份额；留住客户（率）能力；保持现有的客户的能力和顾客的忠诚性；从客户处获取利润（率）能力。

4. 股东角度的绩效指标

（1）股东满意度：净收益和每股收益额；剩余收益；市场价值；经济增加值。

（2）股东获利能力：投资报酬率和销售利润率；市场价值比率——市盈率、净资产倍率；股东对经营者的控制能力。

5. 雇员角度绩效指标

（1）雇员满意度：生理满意指标；安全满意指标；社交满意

指标；尊重满意指标；自我实现满意指标。

（2）雇员创造价值能力：雇员的劳动生产率；雇用期限；雇员培训率。

6. 债权人角度的绩效指标

（1）债权人满意度：利息或项目利润率；还贷及时性。

（2）财务杠杆的获利能力：资本成本；投资密度；负债率与还债能力。

7. 供应商角度的绩效指标

（1）供应商满意度：订货数量和频率；货款支付及时性。

（2）材料供应的获利能力：与供应商的侃价能力；对供应商所提供原材料的规格、性能谈判能力（关系）。

8. 国家角度的绩效指标

（1）国家满意度：税率与纳税额；纳税及时性。

（2）减免税能力：合理避税能力；向税务机关申请减免税的能力（关系）。

不能漏掉任何环节

我国的一些企业在进行绩效考核时，大多由上级主管人员来完成，这种考核方式由于其信息反馈面较窄，难以保证考核的客观性和公正性。那么，西方先进企业又是如何进行考核的呢？

工作是多方面的，工作业绩也是多维度的，不同个体对同一工作得出的印象是不相同的，正是根据此原理，人们在实际工作过程中开发出了全视角绩效考核系统。该系统通过不同的考核者（上级主管、同事、下属和顾客等）从不同的角度来考核，全方位、准确地考核员工的工作业绩。

据最新调查，在《财富》排出的全球1000家大公司中，超过90%的公司在职业开发和绩效考核过程中应用了全视角绩效考核系统。全视角绩效考核系统之所以如此盛行，就在于它有以下几项优点：

1. 综合性强，因为它集中了多个角度的反馈信息。

2. 信息质量可靠。

3. 通过强调团队和内部/外部顾客，推动了全面质量管理。

4. 从多个人而非单个人那里获取反馈信息，可以减少偏见对考核结果的影响。

5. 从员工周围的人那里获取反馈信息，可以增强员工的自我发展意识。

但是，该系统也存在一些问题，比如：员工可能会相互串通起来集体作弊；来自不同方面的意见可能会发生冲突；在综合处理来自各方面的反馈信息时比较棘手。

因此，当Intel公司在建立全视角绩效考核系统时，他们采取了一些防范措施，以确保考核的质量。

1. **匿名考核。**确保员工不知道任何一位考核小组成员是如何进行考核的（但主管人员的考核除外）。

2. **加强考核者的责任意识。**主管人员必须检查每一个考核小组成员的考核工作，让他们明白自己运用考核尺度是否恰当，结果是否可靠，以及其他人员又是如何进行考核的。

3. **防止舞弊行为。**有些考核人员出于帮助或伤害某一位员工的私人目的，会做出不恰当的过高或过低的评价；团队成员可能会串通起来彼此给对方做出较高的评价。主管人员就必须检查那些明显不恰当的评价。

4. **采用统计程序。**运用加权平均或其他定量分析方法，综合处理所有评价。

5. **识别和量化偏见。**查出与年龄、性别、民族等有关的歧视或偏爱。

从 Intel 公司的经历来看，虽然全视角绩效考核系统是一种很有实用价值的绩效考核方式，但它与任何一种考核技术一样，其成功亦依赖于管理人员如何处理收集到的信息，并保证员工受到公平的对待。

防止出现考评误差

通过绩效评估可以加强员工的整体工作表现，但绩效评估最忌不公正、有偏私。考评应该避免以下几种偏误：

1. 考评指标理解误差

由于考评人对考评指标的理解的差异而造成的误差。同样是“优、良、合格、不合格”等标准，但不同的考评人对这些标准的理解会有偏差，同样一个员工，对于某项相同的工作，甲考评人可能会选“良”，乙考评人可能会选“合格”。避免这种误差，可以通过以下三种措施来进行：

（1）修改考评内容，让考评内容更加明晰，使能够量化的尽可能量化，这样可以让考评人能够更加准确地进行考评；

（2）避免让不同的考评人对相同职务的员工进行考评，尽可能让同一名考评人进行考评，员工之间的考评结果就具有了可比性；

（3）避免对不同职务的员工考评结果进行比较，因为不同职务的考评人不同，所以不同职务之间的比较可靠性较差。

2. 光环效应误差

当一个人有一个显著的优点的时候，人们会误以为他在其他方面也有同样的优点，这就是光环效应。在考评中也是如此，比如，被考评人工作非常积极主动，考评人可能会误以为他的工作业绩也非常优秀，从而给被考评人较高的评价。在进行考评时，考评人应该将所有被考评人的同一项考评内容同时考评，而不要以人为单位进行考评，这样可以有效地防止光环效应。

3. 趋中误差

考评人倾向于将被考评人的考评结果放置在中间的位置，就会产生趋中误差。这主要是由于考评人害怕承担责任或对被考评人不熟悉所造成的。在考评前，对考评人员进行必要的绩效考评培训，消除考评人的后顾之忧，同时避免让与被考评人不熟悉的考评人进行考评，可以有效地防止趋中误差。

4. 近期误差

由于人们对最近发生的事情记忆深刻，而对以前发生的事情印象浅显，所以容易产生近期误差。考评人往往会用被考评人近一个月的表现来评判一个季度的表现，从而产生误差。消除近期误差的最好方法是考评人每月进行一次当月考评记录，在每季度进行正式的考评时，参考月度考评记录来得出正确的考评结果。

5. 个人偏见误差

考评人喜欢或不喜欢（熟悉或不熟悉）被考评人，都会对被考评人的考评结果产生影响。考评人往往会给自己喜欢（或熟悉）的人较高的评价，而对自己不喜欢（或不熟悉）的人给予较低的评价，这就是个人偏见误差。采取小组评价或员工互评的方法可以有效地防止个人偏见误差。

6. 压力误差

当考评人了解到本次考评的结果会与被考评人的薪酬或职务变更有直接的关系，或者惧怕在考评沟通时受到被考评人的责难，鉴于上述压力，考评人可能会做出偏高的考评。解决压力误差，另一方面要注意对考评结果的用途进行保密，一方面在考评培训时让考评人掌握考评沟通的技巧。如果考评人不适合进行考评沟通，可以让人力资源部门代为进行。

7. 完美主义误差

考评人可能是一位完美主义者，他往往放大被考评人的缺点，从而对被考评人进行了较低的评价，造成了完美主义误差。解决该误差，首先要向考评人讲明考评的原则和操作方法，另外可以增加员工自评，与考评人考评进行比较。如果差异过大，应该对该项考评进行认真分析，看是否出现了完美主义误差。

8. 自我比较误差

考评人不自觉地将被考评人与自己进行比较，以自己作为衡量被考评人的标准，这样就会产生自我比较误差。解决办法是将考核内容和考核标准细化和明确，并要求考评人严格按照考评要求进行考评。

9. 盲点误差

考评人由于自己有某种缺点，而无法看出被考评人也有同样的缺点，这就造成了盲点误差。盲点误差的解决方法和自我比较误差的解决方法相同。

绩效考核要服务于员工的成长

对于管理者来说，绩效考核绝不是对员工进行批评甚至横加指责的机会，因为这样的绩效考核一定不能被员工所接受，更不必说为企业发展服务了。管理者一定要形成这样的观念：绩效考核是为员工的成长提供服务的，这样才能让员工更愿意接受绩效考核的结果，也使管理者能更有效地利用绩效考核为企业的发展服务。

当管理者把绩效考核看作是为员工成长服务的工具时，管理者就不会对员工出现的错误进行大肆的批评，而是坦诚地指出员工工作中的不足，帮员工改正那些妨碍他们进步的缺点，从而取得更大的进步。而对于有成绩的员工，则承认他们对公司所作出的贡献，借助于绩效考核来对他们进行相应的奖励或提升。这样的绩效考核才能够得到员工的支持，使管理者和员工之间建立良好的关系。

能够保持公平公正的绩效考核才能让员工和管理者之间形成融洽、信任的关系。如果员工对绩效考核没有积极的态度，甚至表示反对，那么管理者就要检讨自己是否让员工感受到了公平。

尽管人人都渴望得到赞美，但是绩效考核不可能变成庆功会，管理者对于那些绩效水平较低的员工还是要提出批评和建议的，以便督促他们进步。只要管理者能够站在员工的立场上，诚恳地提出自己的看法和建议，员工就能够感受到管理者的关心，他们不会由此而产生防备心理或消极对抗，而是会虚心接受。而那些绩效水平较高的员工，同样需要得到管理者的肯定和奖励，让他们感受到自己的工作对于企业的贡献，从而受到更大的鼓舞。

员工个人的成长是和企业联系在一起的，通过管理者指定的一系列量化指标，员工对于自己的工作就会有更加明确的认识，从而更加明确自己的努力方向，而且通过管理者的指导和建议，员工和管理者能够形成更好的沟通。

在美国通用电气公司，管理者十分注重学习，但是相比于学习，更重要的是业绩。他们认为，一开始你不了解自己的工作，不可能把它做好，但是经过学习之后，一切都要靠业绩证明。它的管理者向自己的员工传达了这样一个理念：业绩在通用公司的文化中占有十分重要的位置。当你进入了通用，不管你来自哈佛，还是来自一个不起眼的学校，衡量你的都是同一套标准，你现在的表现比你过去的经历更重要。在这里，绩效考核总是服务于员工的成长，通用为员工提供了很多表现自己的机会，员工随时都可以接受更大的挑战。正是凭借这样的绩效考核，美国通用电气公司取得了令人瞩目的成绩。

当管理者的绩效考核得到了员工的认可，并成为促进服务于员工成长的工具时，员工就会充分地发挥自己的主动性去面对企业的考核，积极为企业的成长努力。

绩效考核要达成双赢结果

实际上，无论是对员工还是对管理者来说，绩效考核所产生的效果都是双赢的。管理者和员工之所以会对绩效考核有抵触或反抗的心理，不过是在观念上有分歧。管理者认为绩效考核是让员工受益了，因为表现良好的员工可以得到奖励。但是员工们的看法却是相反的，他们认为管理者之所以进行考核不过是为了让他们干更多的工作，即使有部分员工受益，也是应得的，是辛苦工作换来的。更多时候，绩效考核就是他们的黑名单，管理者借此对他们进行惩罚。所以，员工们认为绩效考核的受益者是企业。

正因为如此，所以管理者在绩效考核中就面临着很重要的责任。一方面要正确地理解和执行绩效考核，对员工的工作有正确的评价；另一方面，又要避免员工和管理者之间的矛盾，防止因为绩效考核造成管理者和员工的不和。为了避免这些问题，管理者首先就要帮助员工在这一问题上形成双赢的观念。

管理者和员工是合作伙伴关系，管理者的工作成绩实际上是通过员工的工作绩效来表现的。员工的工作绩效较高，是对管理者的管理成绩的证明，所以，在工作绩效的评定上，管理者和员工并不是对立的，而是相互统一的，双方利益共享，风险共担。

管理者对员工进行绩效考核，并不是为难员工，也不是趁机批评指责员工，而是让员工明确地知道自己的工作对于企业的意义，肯定员工对企业的贡献，同时帮助员工找出工作中的缺点，便于更好地改进。绩效考核在帮助员工成长的同时，也在帮助企业成长。

如果管理者和员工达成了这种双赢的观念，管理者就能够更加明确地帮助员工确立工作目标和工作时限，并为员工完成任务提供更多的支持。而员工也就能够安心工作，同时利用绩效考核，使自己的工作更容易达到绩效目标。

为了帮助员工达到绩效目标，管理者不应该只在绩效考核的时候指出员工的错误以便惩罚他们，而是随时和员工保持沟通，为员工提供帮助，提供改进意见。员工在管理者的及时辅导下，也能够迅速地解决工作中出现的问题，从而和管理者确立良好的关系，提高工作的积极性。

让绩效考核不再冷冰冰

绩效考核是对员工工作的精确衡量，应该体现公平和公正。管理者在实施绩效考核过程中，要时刻提醒自己绩效考核是为了帮助员工成长，而不是为了揪员工的小辫子，所以，绩效考核记录的应该是员工的绩效表现，应如实记录，既包括员工工作中的失误，也包括员工所取得的成绩。这样的绩效考核才能让员工从心底认同。

如果绩效考核只是一堆冷冰冰的数字和表格，就无法实现为员工成长服务的目的，所以，在实施绩效考核的过程中，还需要管理者与员工之间进行面对面的沟通，更多地了解员工的想法，避免在考核过程中出现失误。如果管理者只是作为一个员工工作表现的记录者，那绩效考核也就失去了帮助员工成长的意义。管理者和员工之间的沟通还有助于达成双方的相互理解，改进工作中的问题，发现管理流程中的漏洞和不足。

绩效考核的最终目的是为了改善员工的行为，推进企业的发展，所以，管理者应该注意考核标准的透明化，而不是任由员工盲目努力，应由管理者和员工共同制定考核标准，标准既不能太高以至于每个人都达不到，也不能低到丝毫不具挑战性。当员工参与制定考核标准时，员工就明确了自己的努力方向，而且，管理者看到员工的工作评估时，应及时地表明意见，需要表扬的即刻给予肯定，需要批评的也马上给出意见。这样才能有效地改善员工的行为。

为了更加准确地评价员工的工作，还要避免出现片面和偏见。管理者有必要从多个角度对员工进行绩效考核，而不是单单从上司的角度来进行考评。个人的目光难免会有所偏颇，而且每个人大都有人性上的一些弱点，片面地评价很容易失之公允，所以，绩效考核可以从上司、同事、团队成员、客户等多个角度进行评价。这将使考评结果最大限度地体现科学和可靠，而且，这样的考评显然能更全面地对员工工作进行总结，有利于员工从中找出不足，更好地改进。

丰田公司的绩效考评就采取了360度评估体系，在丰田汽车公司内部成为“个性对口鉴定制度”。一个员工工作成绩的评定并不仅仅是由他的顶头上司做出的，同时还要参考其他部门领导和员工的意见。为了使评价结果准确，评价人和被评价人都是在工作上有密切接触的。例如，一个股长想要提升为课长，除了顶头上司的评价外，还要从其他部门选出5人对其进行领导能力和观察问题能力等20多项内容的评价和鉴定。

总之，绩效考核不能成为阻碍企业发展的一项制度，而应该成为促进员工成长的推动力量。只有绩效考核公平公正，才能使管理者和员工之间实现双赢的结果，这就需要管理者承担起自己的职责，和员工建立和谐关系。

第七章

适度奖励，激发员工的冲天干劲

奖惩直接与员工利益挂钩。实际上，没有一个员工甘愿受惩，都是直奔奖励而去。这一点正是员工自己为自己工作的动力。适度对员工进行奖励，会激发员工的工作热情，而热情恰恰是一个员工身上最为可贵的工作精神。

奖惩是无形的管理之法

人总会有所长，也会有所短，既会有优点也会有缺点，这是完全正常的。管理者激励的目的是为了调动人们的积极性，提高人们的素质。在实施中如何把握奖惩的比重呢？人们经过长期的、一系列的研究，比较了奖励和惩罚的不同作用。研究证明，作为阳性诱因的奖励总是比作为阴性诱因的惩罚效果好。

对一个人的成就予以表扬，不管这种表扬的性质和态度如何，总比忽视他的作用甚至斥责他要好得多。对人的行为的积极性的提示胜于消极性的提示，鼓励胜于劝阻，提出令人愉快的要求胜于责骂。这是因为奖励作为一种对人们正强化的信息反馈，不仅给人们一种愉快的反馈信息，而且还给人们某些物质和精神利益的满足，这正是人们所需要和期望的；而惩罚作为一种对人们负强化的信息反馈，不仅给人一种避讳的反馈信息，而且还使人们的物质和精神利益受到某种损失，这是人们所不希望和惧怕的。

虽然奖励和惩罚都是激励实施中不可缺少的手段，对人们成长和发展都有积极作用，但是，从理论和实践的意义上来说，从两者比较的意义上来说，奖励的效果要比惩罚的效果好。善于发现和强化对象的长处和优点，善于把对象的消极因素转变为积极因素，是我们科学掌握激励理论和方法的表现。在运用这两种方法时要注意以下几点：

1. 相互结合，不可分割

奖励和惩罚虽然是激励的两种不同的手段，但在实施时常常是密切相联，不可分割的。有奖有罚，有罚有奖；先奖后罚，先罚后奖；奖中有罚，罚中有奖；多奖少罚，少奖未罚，如此等等，都是我们日常激励实践中经常遇到和运用的。任何地区、任何单位，为了调动人们的积极性，为了规范人们的行为，必须同时制定奖励和惩罚条例，并保证严格实行，不得轻视或取消任何一方。为了保证激励对大家都有作用，在赏罚时，要将赏罚的标准和受赏罚对象的情况向集体成员实事求是地介绍，并施以大家能接受的赏罚形式，帮助大家正确认识赏罚的目的和作用。只有这样，才能起到奖励一人、带动全体，处分一人、教育一片的目的。

2. 以奖为主，以惩为辅

在奖惩的实践中，要有主有辅，有重有轻，不可同等对待，平分秋色。一般来说，奖励的次数宜多，惩罚的次数宜少；奖励的气氛宜浓，惩罚的气氛宜淡；奖励的场合宜大，惩罚的场合宜小；奖励宜公开进行，惩罚宜个别进行；可奖可不奖者，奖，可罚可不罚者，不罚；在制定奖励和惩罚条例时，要考虑到人们的期望值和承受力。奖，经过努力也达不到，罚，经过努力也难免，这样的奖惩条例不能达到激励的目的。在对人们行为进行考察时，要着眼于发掘人们的长处和优点，而尽量淡化和忽略人们的短处和缺点。日本的许多经理都指出："工人的缺点知道得越少越好。我们要知道的是他们能做些什么和他们的优点。"正是在这种激励的氛围之中，日本人把公司视为自己的生命，把自己和公司联为一体，几乎没有人想和公司分离。日本人的这些思想和行为对我们来说是有很大启示的。

3. 在激励中不要以某人的某一件事或行为与其他人所干的某一件事或行为相比较

在表扬或批评的实践中，我们常常会发现这种情况：在表扬某某的长处时，常常提醒另一个人，把他的行为和受表扬者的行为相比较，希望他向先进学习；在批评某一人时，也举另一人的事例作对比，希望大家从中受到教育。从激励执行者的角度来看，这也许是不错的，"赏一以劝百，罚一以惩众"，古人的话是有道理的。这是从赏罚的总体效应上来说的，受奖受罚者总不是大多数，问题在于用什么方法来达到这个目的。人们为什么会在奖励或惩罚后受到鼓舞和教育呢？就是他们在拿自己的行为或成果与受奖或受罚者的行为或成果相比较，这种比较是自觉自愿地、私下个别地进行的。如果执法者在公开场合将其他人与受奖者与受罚者相比较，无异于将他的行为公开曝光，这实际上是一种变相的惩罚，势必引起当事人的不满，影响了激励效应的正常发挥。正确的做法是，在实施奖励或惩罚时，充分地说明受奖或受罚者的情况，使大家从中受到教育和鼓舞。如有的特别需要提醒，可用含糊的、婉转的、善意的暗示予以表明，不必指出具体的人名来。

4. 对未受表扬者特别是受批评者需要宽容、谅解和关心

在日常工作中，当下属失意之时，给予他们相应的关心是十分必要的。但是，过了度就会适得其反。

教育学家苏霍姆林斯基曾举这样一个例子："我曾在地理课上看到过一次这样'帮助'的最强烈的反应。七年级的学生须按照暗射地图回答问题。可是有一个女生因前一时期病了好久，教师允许她照普通地图回答提问。女生打开地图挂起来，开始前言不搭后语地回答，随后就大哭起来。教师降低要求使她大受委屈。她以后对地理老师不信任，那位老师做出了很大努力才恢复了正常的关系。"教师的一片好心，为什么没能够收到好果呢？问题就在于教师忽略了学生的自尊心和自豪感，使其人格受到侮辱。不论是奖励或是惩罚，都不要使接受对象感到自己的人格受到伤害。特别是当我们对人们表示宽容的谅解时，要使人们感受到自己是在受到真正的关心和爱护，而不是接受超越正常人的怜悯和恩赐。

守住奖惩的方法

管理者应当掌握哪些奖惩原则呢?

1. 奖励的原则

奖励，是指对某种行为进行奖赏和鼓励，促使其保持和发扬某种作用和作为，奖励的方法是多种多样的，一般分为物质奖励和精神奖励，以及两种奖励的结合。物质奖励满足人们的生理需要，精神奖励满足人的心理需要。为了增强奖励的激励作用，实行奖励时应注意下列技巧性问题：

(1) 物质奖励和精神激励相结合。进行奖励，不能搞“金钱万能”，也不能搞“精神万能”，应当把物质奖励和精神激励相结合。

(2) 创造良好的奖励气氛。要发挥奖励的作用，就要创造一个“先进光荣，落后可耻”的气氛。在获奖光荣的气氛下奖励，能使获奖者产生荣誉感，更加积极进取。未获奖者产生羡慕心理，奋起直追。而在平淡的气氛下奖励，降低了奖励在人们心目中的地位，很难发挥激励作用。

(3) 及时予以奖励。这不仅能充分发挥奖励的作用，而且能使职工增加对奖励的重视，过期奖励成了“马后炮”，不仅会削弱奖励的激励作用，而且可能使职工对奖励产生冷淡心理。唐代著名的政治家柳宗元认为“赏务速而后有劝”，他主张“必使为善者，不越月逾时而得其赏，则人勇而有焉”。他说的“赏务速”就是奖励要及时的意思。同时，奖励要及时兑现，取信于民。“信”是立足之本，言而无信，当奖不奖，职工就会感到受骗，从而产生反感情绪。

（4）奖励要考虑受奖者的需要和特点。奖励只有能满足受奖者需要，才会产生激励作用。因此，奖励者应注意摸清受奖者需要什么，不需要什么，根据不同需要给予不同奖励。

2. 惩罚的原则

惩罚的作用在于使人从惩罚中汲取教训，消除某种消极行为。惩罚的方法也是多种多样的，如检讨、处分、经济制裁、法律惩办等。惩罚作为一种教育和激励手段，本来是一般人所不欢迎的，因为它不是人们的精神需要，如果掌握不好，则容易伤害被惩罚者的感情，甚至受罚者为之耿耿于怀，由此消极和颓唐下去。只要我们讲究惩罚的艺术性，不仅可以消除惩罚所带来的副作用，还能够收到既教育被惩罚者又教育了别人，化消极因素为积极因素的效果。实行惩罚要注意以下几点：

（1）惩罚与教育相结合。惩罚的目的是使人知错改错，弃旧图新，因此，要把惩罚和教育结合起来。这个结合的常用公式是“教育——惩罚——教育”。首先，要注意先教后“诛”，即说服教育在先，惩罚在后，使人知法守法，知纪守纪。这样做可以减少犯错误和违纪行为，即使犯了错误，因为有言在先，在执行法纪时，也容易认识错误，乐于改正。如果不教而“诛”，则人们就会不服气，产生怨气。其次，要做好实施惩罚后的思想教育工作，使他正确对待惩罚，帮助他从所犯错误中汲取教训，改正错误。

（2）一视同仁，公正无私。惩罚对任何人都要一视同仁，要以事实为依据，以法律为准绳，不能感情用事。对同样过错，不能因出身、职位、声誉和亲疏缘故而处理不一，表现出前后矛盾，甚至轻错重处，重错轻处。这样的惩罚只会涣散人心、松懈斗志，毫无激励的价值。

要做到公正无私，首先要“惩不畏强”。不能欺软怕硬，惩弱怕强。要敢于碰硬，特别对于那些逞凶霸道、蛮不讲理之徒，要拿出魄力，看准“火候”，敢于惩治那些害群之马。这样做，能够警醒一批协从者，教育一些追随者，使广大正直的人们为之拍手称快，干劲倍添。其次，要“罚不避亲”，要做到“亲者严，疏者宽”，对于亲近者的过错更要果断而恰如其分地处理，不徇私情，必要时要“大义灭亲”。只有这样，才能赢得群众的拥护，从而激起人们的工作热情。

（3）掌握时机，慎重稳妥。一旦查明事实真相就要及时处理，以免错过良机，造成更大危害。适时是指掌握恰当的时机，瞧准火候。什么是惩罚的最佳火候呢？其一，事实已查清，问题性质已分清；其二，当事人已冷静下来，对问题有所认识；其三，其错误的危害性已为群众所意识到。具备这三个条件，就是惩罚的恰当时机。这三个条件要靠惩罚者去创造，不能消极等待时机。惩罚，还应注意稳妥，不能一味蛮干，有的适当放一放，以免激化矛盾。特别是对一个人的首次惩罚，更要慎重稳妥，要十分讲究方式、方法。当然，也不能久拖不行，否则，时过境迁，就会降低惩罚的效果。

（4）功过分明。功与过是两种性质完全不同的行为要素。功就是功，过就是过，不能混同，也不能互相抵消，因此，在实施激励时，有功则赏，有过必罚，功过要分明。绝不能因为某人过去工作有成绩或立过功，而对他所犯的错误姑息迁就，搞所谓的以功抵过。这样做对他自己、对集体都没有好处，只有害处。同样，也不能因为一个人有了错误，而一笔抹煞他过去的成绩，或对他犯错误后所做的成绩不予承认、不予奖励，这样做也是不利于犯错误者进步的。对于一个人犯错误以后做出的成绩，更应注意给予肯定和奖励，这样才能使他们看到希望。

在最恰当的时间进行奖惩

对公司管理者而言，给予“威迫感”，常以责罚的方式进行。凡是公司都有员工守则，这里面一定会有赏罚的相关规定，一般来说，管理者只要依此施行即可。不过，对于心爱的下属，要加以责罚实在很麻烦，而且，责罚可以说是最糟的统御手段。

可是，下属都有妄求侥幸的本性，如果对错误不加责罚，则会对下属起到纵容作用。

管理者行使责罚，必须遵循既定的规定，冷静行事。

（1）忙碌的时候、兴奋的时候、还残留发怒的情绪时，绝对不可断下罚状。

惩罚不可草率行之。古人有言：过一夜以后，再加以斥责！其中的道理，颇值得玩味体会。

（2）行使惩罚权时，必须具有责任感所产生的勇气与对下属的关心。

（3）惩罚不可雷声大、雨点小，否则只会招致反感，全然没有一点效果。

惩罚原本不为人喜欢，所以要抓住时机，把该指责的事情，一次全部斥责完毕，之后就要保持缄默，静静地观看结果会如何。

如果要斥责爱将，彼此心中都不舒服，而且谁都不愿这样做，所以即使知道下属所犯错误，也会因为想避免引来不必要的怨恨而将其一笔带过，此乃人之常情。

因此，斥责时，想收到相当的效果，并非简单的事，至少须具备以下条件，否则难以成功：

（1）强烈地觉察到身为管理者的责任心。

（2）对下属具有爱才之心。

（3）确定下属的过失是否是无可奈何的结果，还是其他原因。

（4）对自己的主张充满信心，并确信下属出现过失的原因不在于自己的不当言行所致。

（5）具有使下属自觉到对其过失的说服力。

管理者切记，斥责是必要的，因为在绝大多数破产的公司中，有一个共同的现象，很多员工都说：“我从来没被骂过。”

将“薪”比心管大用

对于新经理人来说，设计与管理薪酬制度是一项最困难的人力资源管理任务。如果建立了有效的薪酬制度，企事业组织就会进入“期望—创新”的循环；而如果这些制度失灵，那么接踵而至的便是员工的心灰意冷。

在所有的工作分类中，员工们都将工资与收益视为最重要或次重要的指标。工资能极大地影响员工的行为（在何处工作及是否留下）和工作绩效。

因此，如何做到让员工将“薪”比心，让员工从薪酬上得到最大的满意，成为现代企业组织应当努力把握的课题。

1. 提供有竞争力的薪酬

为员工提供有竞争力的薪酬，使他们一进门便珍惜这份工作，竭尽全力，把自己的本领都使出来。一般来说，支付最高工资的企业最能吸引并且留住人才，尤其是那些出类拔萃的员工。对于行业内的领先公司，尤其必要。较高的报酬会带来更高的满意度，与之俱来的还有较低的离职率。一个结构合理、管理良好的绩效付酬制度，应能留住优秀的员工，淘汰表现较差的员工，即使这要求公司付出可观的重置成本。除此之外，企业组织还必须奖励员工，因为这会使他们以更高的忠诚度和更好的绩效为企业服务。

为了保证提供有竞争力的薪酬，企业应借助顾问公司的薪资调查和帮助，保证自己支付的薪资在市场中保持竞争力。

2. 重视内在报酬

实际上，报酬可以划分为两类：外在的与内在的。外在报酬主要指：企业组织提供的金钱、津贴和晋升机会，以及来自于同事和上级的认同，而内在报酬是和外在报酬相对而言的，它是基于工作任务本身的报酬，如对工作的胜任感、成就感、责任感、受重视、有影响力、个人成长和富有价值的贡献等。事实上，对于知识型的员工，内在报酬和员工的工作满意感有相当之大的关系。因此，企业组织可以通过工作制度、员工影响力、人力资本流动政策来执行内在报酬，让员工从工作本身中得到最大的满足。这样，企业减少了对好的薪资制度的依赖，转而满足和推动员工，使员工更多地依靠内在激励，也使企业从仅靠金钱激励员工，加薪再加薪的循环中摆脱出来。

3. 实行基于技能的薪资制度

基于个人或技能的评估制度以雇员的能力为基础确定其薪水，工资标准由技能最低直到最高划分出不同级别。基于技能的薪资制度能在调换岗位和引入新技术方面带来较大的灵活性，当员工证明自己能够胜任更高一级工作时，他们所获的报酬也会顺理成章地提高。此外，基于技能的薪资制度还改变了管理的导向，实行按技能付酬后，管理的重点不再是限制任务指派使其与岗位级别一致；相反，最大限度地利用员工已有技能将成为新的着重点。这种评估制度最大的好处是能传递信息使员工关注自身的发展。该制度用来考核研发机构人员和其他专业技术人员很有效，运用该制度可以在一定程度上鼓励优秀的专业人才安心本职工作，而不致去谋求报酬虽高但不擅长的管理岗位，从而组织也降低了失去优秀技术专家、接受不良管理者的风险。

4. 增强沟通交流

现在，许多公司采用秘密工资制。提薪或奖金发放的不公开，使得员工很难判断在报酬与绩效之间是否存在着联系。此外，信任问题也一样地存在。人们既看不到别人的报酬，也不了解自己对公司的贡献价值的倾向自然会削弱这些制度的激励和满足功能，一种封闭式制度会伤害人们平等的感觉，而平等则是实现报酬制度满足与激励机制的重要成分之一。

对于通过努力来获得报酬的员工来说，必须让他们相信与付出相应的报酬一定会随之而来；如果组织未能建立信任和可信度，那么，员工对于报酬制度的信任感也将受损。

因此，管理层与员工通过相互交流沟通各自的意图，开放相关的薪资信息，如：报酬的变动幅度、平均业绩增加和获得奖金的员工等，可使报酬制度变得更有效。

5. 参与报酬制度的设计与管理

通过国外公司在这方面的实践结果表明：与没有员工参加的绩效付酬制度相比，让员工参与报酬制度的设计与管理非常令人满意且能长期有效。

参与报酬制度的设计与管理是在报酬的激励作用减弱时能够恢复其作用的一种重要方式，员工在报酬制度设计与管理一级的更多参与，无疑有助于一个更适合员工的需要和更符合实际的报酬制度的形成。

在参与制度设计的过程中，针对报酬政策及目的进行沟通、促进管理者与员工之间的相互信任，这能使带有缺陷的薪资系统变得更加有效。沟通、参与与信任会显著影响人们对报酬的看法、对就薪资制度含义的理解及对该制度的回应。

如何解决员工对薪酬的不满

上司或作为公司的人力资源经理常常遇到员工在私下抱怨对现有的薪酬不满。那么，如何解决员工对薪酬不满这样的问题呢？

一般可以从以下三个方面着手。

首先，许多公司的内部薪酬级别之间存在一定的问题。任何公司都必须制定合理的组织结构，由此确定各职位对于公司的相对价值。例如：经理的薪酬水准通常应高于辅助性员工。为什么？因为经理负责促成经营结果。如果薪酬结构中未妥善地明确各职位之间的薪酬水准差异，员工往往会对此产生不满情绪。因此，你需要确保公司具备一个合理的职位评估体系和程序，由此确定各职位之间的相对差异并通过薪酬水准来体现这一差异。

其次，你需要确保公司的薪酬水准具备一定的竞争力。这里所说的薪酬竞争力是指相对市场中同行业的公司而言具有一定的竞争力。大部分公司都确定了一系列的基准匹配公司，这些公司通常是市场上的竞争对手或与贵公司争夺人才的那些公司。在国内，人们比较容易了解朋友或家属在其他公司所获得的薪酬水准。因而，你需要通过某种程序来审核公司的工资结构，通常该程序中包括对所在行业的基准匹配职位进行调研，然后根据这一信息制定一个富有竞争力的薪酬结构。由于发现自己所支付的薪酬水准低于市场水准，这对于大部分公司来说制定有关薪酬结构往往并非易事。不过，为确保长期竞争力，制定与市场水准相符的工资结构将有助于公司吸引和留住企业成功所需要的优秀人才。

最后，一旦妥善地评估了公司的职位，并制定了富有市场竞争力的薪资结构，你就可以通过浮动薪酬来增加员工的全面现金收入。合理的薪酬结构应包括基本工资、现金津贴和浮动奖金。

各大公司将浮动奖金与利润、销售量、投资回报等关键经营指标挂钩。仅仅当公司实现了经营目标时才支付浮动奖金，合理的薪酬方案将实现经营目标所取得的利润盈余作为奖金基金。例如：许多公司从年终利润中支付奖金。制定合理的浮动薪酬结构将有助于公司在取得此计划成功之后提高工资水准，同时，有助于管理人员向员工传达企业重要的信息并最终实现双赢。

热情可以鞭策一个人从浑噩中奋起做事

人非坚持梦想不可，人一定要有热情。热忱切不可以只是表面功夫，它必须发自一个人的内心，要假装也不可能持续得多久的。产生持久的热忱的方法之一是定出一个目标，努力工作去达到这个目标，而在达到这个目标之后，再定出另一个目标，再努力去完成。这样做可以提供挑战的机会，如此就可以帮助一个人将热忱持续下去。

不但如此，热忱还可以鞭策一个人从浑噩中奋起做事。

旅馆大王希尔顿的言行举止，很容易使人想到“企业即是人”的说法。

希尔顿公司的口号是“以国际贸易与旅游促进世界和平”，希尔顿的每一个旅馆宛如“迷你美国的代表”，成为国际亲善的使者。这是他最为强调的原则。

肯纳特·尼柯尔森·希尔顿在德克萨斯州的丝斯哥首次经营一家名叫莫布雷的旅馆时只有 31 岁。1887 年出生于新墨西哥州的圣安东尼的他，曾经做过各式各样的工作，比如工人、办事员、生意者、矿山投机者和种植业投资者等等，也曾经参与政治和银行关系的工作，最后他回到他新墨西哥的故乡，是因父亲事业失败所致。

起先他希望振作起来，在石油兴盛的德州大干一场，于是他变卖家产共得5000元美金，很谨慎小心地带在身边只身前往德州，最初他想做的“银行业”，其实是金币买卖，因为5000元美金，在当时足可买下一家银行，但他却买下一座叫莫布雷的小旅馆，从此踏出经营旅馆业的第一步。

希尔顿成功的秘诀是：首先，他热衷于旅馆业；其次，他对旅馆业就等于经营“企业”一样有相当明确的观念，当然，尽量吸收顾客住宿以赚取利润也是他全力以赴的工作。他把旅馆业当做一种不动产业，倒闭的旅馆，他会以极低廉的价钱买下来，把建筑物加以豪华的装修，然后等经营好转，一有机会他再以买价的数倍价钱卖出去，以扩大储蓄，壮大资本。

他经常在关键的时刻背负债务，因而才能逐渐地一次次买下他的实力所无法负担的旅馆，或从银行或个人资本家那里借出大量资金，并且把股东都拉进来。希尔顿着实使许多“金主”大感困扰，然而，对于这一点来说，他确实是位“天才”。

年轻时候的希尔顿就对恐慌毫不在乎，另一方面他又具有幽默的气质。他在故乡新墨西哥州和父亲曾经买下一个小银行，而他经营的这个银行并没有成功，但他把这个“副总经理”的头衔印在非常精美的名片上，一边在街上行走，一边分发给了路人：

“肯纳特·N·希尔顿。热情的创业者，爱情的经纪人，亲爱的创始人，接吻拥抱是顶尖的天下第一高手。”

每天下午六时一到他就放下一切工作，然后尽兴地恣情玩乐（特别是跳舞）与休闲。他有格外豪放的性格，常被他人传为笑谈。听说他所喜欢的舞伴是经过医生推荐的。他的原则是如果没有年轻的女郎做伴，他就绝不跳舞，他经常带着幽默与风流出入舞厅。

有这种仪表和性格，“金主”们都会为之着迷，而他也最善用这种“人缘”。记得在“东京希尔顿”开业的当天，从美国带领庞大美女群光临主持的老希尔顿，卖弄他可爱的个性，给在场的人留下极为深刻的印象。当利害攸关之际，希尔顿却会摇身一变像个魔鬼一般，平常的可爱或幽默都收敛起来，绝不像花花公子或迷于嗜好的人，他会冷静地思考工作，开始热忱地工作。

在1969年，希尔顿的连锁旅馆，在美国国内有33家，海外31个国家有42家，共计75家。另外在美国国内有8家小型旅馆，希尔顿信用卡公司1家，还有5家希尔顿预约中心。

所有这些关联企业，都在名叫肯纳特·尼柯尔森·希尔顿特殊公司管辖之下，该公司设在芝加哥。

与此并列的事业执行机构，便是一般人所周知的希尔顿旅馆业公司与希尔顿旅馆业国际公司，前者设在纽约的世界女神旅馆内，是国内旅馆中心的公司；后者则是海外事业中心。

这个时候希尔顿旅馆的资本将近4亿美元，旅馆房间总数约4.5万套，每夜有4万人住宿，员工也将近4万人，是世界最大的连锁旅馆业。

到底为什么希尔顿能如此拓展国内外的旅馆生意呢？

希尔顿说道："人非坚持梦想不可。人一定要有热情。"他是这些人中的佼佼者，然后为了实现这种"梦想"，他简直不顾一切地拼命努力。另外，他具有超越这个时代的更具先见之明的直观力。

所有成功的秘诀都在于热忱地工作

假如一个人缺乏热忱，一定是一个无精打采的人，即使所有的机会都来到身边，也会稀里糊涂把它们丧失殆尽。因此，成功的要诀是用全部身心开始热忱地工作。

卡通大王沃特·迪斯尼凭借那股疯狂的工作热情创作出米老鼠这一深入人心的形象而成为举世闻名的巨富。

《米老鼠》及《三只小猪》的创始人沃特·迪斯尼，在1918年以前仍然是个无名小卒，现在却是全美最有名的人物之一。

一个早年一文不名，现在却是举世闻名的大资产家、大企业家，他所赚的钱全都投注于事业中。迪斯尼曾说："与其储蓄几百万美元，倒不如拍些好电影来得有趣。"

迪斯尼原本是住在密苏里州的坎萨斯城，并且希望成为一名画家。一天，他到坎萨斯城明星报社找工作，让总编辑看他的自画像。总编辑一看他的画就说不行，说他毫无画画的天赋，他只好垂头丧气地回家了。

后来，他好不容易才找到工作，那是在教会中绘图，薪金很低微。因为一直借不到办公室，他便使用父亲汽车厂的工作室。当然，那时的辛勤是可想而知的，也正是在充满汽油及润滑油气味的车厂工作，才引发了日后价值百万美元的构想。

事情的经过是这样的。一只小白鼠在汽车厂的土地上窜来窜去，迪斯尼停下正在作画的手，抓起面包屑喂小白鼠。

日复一日，小白鼠变得很亲人，甚至会爬到画板上去。不久，他迁往好莱坞开始制作《奥斯沃特与兔子》的卡通影片，但却全部失败了，他又成为一文不名的人了。

某日，他在公寓里正思索有什么好点子时，忽然想起了在坎萨斯城的汽车厂中，画板上爬来爬去的小白鼠。

因此，沃特·迪斯尼立刻着手描绘起小白鼠，这就是米老鼠诞生的经过，坎萨斯城的那只小白鼠恐怕早已死去了，它就是全世界最有名的电影巨星“米老鼠”的祖先，今天，电影界收到影迷信件最多的明星就是米老鼠。播放米老鼠跳舞电影的国家，较之播放其他任何电影明星的国家都多。

此后，沃特·迪斯尼每周必往进动物园研究动物们的动作及叫声。米老鼠影片中，Mickey 的声音，及许多动物的叫声，多是由他自己担任配音。

卡通影片的制作必须有许多原画，都要一张一张地画，台词的创作，画面的完成，这些工作全部要靠大批的助手帮忙。

迪斯尼本人则全心投入电影的构思之中，只要有一点构想，就与剧本部的助手们共同商议。有一天，他提出了一个构想，欲将儿童时期母亲所讲过的童话故事改编成彩色电影，那就是三只小猪与野狼的故事。

助手们都摇头不赞成，后来只好取消，但是在迪斯尼心中却一直无法忘怀，屡次提出这构想，都一再地被否决掉。

终于，因为他有着一种无以伦比的工作热情，并且不断地提出，大家才答应姑且一试，但是对它却不抱任何的希望。

米老鼠制片时费时90天，由于《三只小猪》花90天是太浪费了，因此，迪斯尼决定用60天就完成它。剧场的工作人员都没有料到，该片竟受到全国人民的热烈喜爱。

这实在是空前的大成功。从乔治亚州的棉花田到俄勒冈州的苹果园，它的主题曲立刻风靡全国——“大野狼呀，谁怕它，谁怕它?”

据迪斯尼自己说，该片在电影院总共上映了7次之多。在卡通影片的历史上，这是史无前例的壮举。

而今，世界各地的人大概都看过米老鼠吧!

所有成功的秘诀都在于热忱地工作，这是沃特·迪斯尼的信念。他说只是赚钱并无乐趣，工作及冒险是他生活的乐趣。比起游乐，工作令他发现更多的乐趣。

培养热情就像发动一座核能反应炉一样

欧普拉·温芙瑞每日脱口秀是美国联播节目，家喻户晓。有一次，一位名叫芭芭的记者拉问她："欧普拉，一个黑人小女孩在南方成长是怎么样的情况？饱受歧视的感受一定很糟！"

欧普拉当时只有一句话，她不但让芭芭拉·华特丝大吃一惊，并感到困惑，而且她也赢得了大家对她的尊敬与钦佩。"芭芭拉，我在很小的时候就发现，优秀的人是不会受到歧视的。"哇！芭芭拉跳起来鼓掌。芭芭拉似乎非常惊讶，她不知道接下来该说什么。也许她早就准备了一连串随之而来的问题，但是欧普拉的回答让她无法继续。

芭芭拉相信欧普拉一定曾受过歧视，而且这种伤害在她的童年与她生命中的某些时刻都会伴随着她。假如没说错，那么她的回答就显得更加有力，同时也透露出其人以及她的个性。芭芭拉觉得她完全为她这个人、她的态度以及她如何回应生命负起了责任。她在向人们表明：她拒绝谴责那些曾经伤害过她的人。同时也显示了她对别人的负面行为明智而可爱的回应，所以任何强加给她的伤害，产生的只是怜悯而非怨恨。

她的回答还可以用其他两种角度来理解。如果她真的从未感受过任何难以忍受的歧视，那就表明她是如此地追求卓越，以至于她很自然地对这种以她为箭靶的攻击无动于衷。或者，如果你从她表面上的回答来看，认为事实上并没有任何攻击的话，它所表明的是她对卓越的追求与实现是如此激励与鼓舞人心，因而完全博得了那些想诋毁她的人的好感。所以不管芭芭拉如何诠释她的回答，欧普拉都值得芭芭拉尊敬与钦佩。

因为欧普拉在那次访问中就博得了芭芭拉的尊敬，而且接下来数年也都是如此，所以芭芭拉就特别注意到她个人与职业方面的成就。芭芭拉有好几位密友，包括加里·史莫利在内，都应邀上过她的脱口秀，对于她能如此迅速而热情地掌握他们的看法并且用一种让数百万观众都能了解与欣然接受的方式来传达。芭芭拉的朋友们也告诉她，欧普拉是一位非常关心别人而且十分亲切的女主持人。芭芭拉深信、发动她成功引擎的，就是欧普拉的热情：欧普拉对生命的热情、欧普拉对工作的热情、欧普拉对别人的热情以及她对卓越的热情。

如果它在运作并且受到控制，会给你巨大的动力与持久力去达成你最重要的梦想；如果它没有受到适当的控制，就会具有严重的破坏力。培养热情不像感染热情，它让你掌控一切，使你能够去生产它所有的动力以达成在你生命中最重要领域的梦想。虽然培养热情比感染热情还需要更多的努力，但是当你了解与学会必须采取的步骤之后，你就会知道它不像你想的那么难。

以热情的投入来铲除困难

不管你所处的环境是多么的恶劣，也不管你的担子有多么沉重，你绝对有能力扭转，所做过的美梦终必有成真的一天。然而如何才能实现呢？只要你凡事都热情地去做，拿出你蕴藏于身的能力来，这股力量可以立即改变你人生中的任何层面，就看你是否有心想把它释放出来。

你愈投入，事情就愈显得容易。当你认真地想做，一切都变得很有可能，没有什么是太麻烦或太困难的。障碍就像田径赛的栏栅，等着被征服，外来的干扰会被视为学习的机会，并能激励人继续进步。

反之，投入意愿很低的时候，任何事都会对你产生威胁。事事让你感到棘手、头痛，精力与热情也跟着低落。就像必须用双手推动一座顽强牢固的墙似的，费好大的劲儿才能完成某件事情。

投入愈强烈，工作变得愈可行，信心跟着大增，因此，同样一件工作，在巅峰型者的眼中和在非巅峰型者眼中，会成为不一样的事情。巅峰型者看见机会，非巅峰型者却看见障碍。全力以赴的巅峰型者能看见事情的积极面及其有可为之处；不投入的人却只看见难以克服的困阻，很快就会气馁和灰心。

热情和积极心态以及你成功过程之间的关系，就好像汽油和汽车引擎之间的关系一样：热情是行动的动力。

热情是一股力量，它和信心一起将逆境、失败和暂时的挫折转变成为行动。借着控制热情，你可以将任何消极表现和经验转变成积极表现和经验。

对生活充满热情会为你带来许多好处：

（1）增加你思考和想象的强烈程度；

（2）使你获得令人愉悦和具有说服力的说话语气；

（3）使你的工作不再那么辛苦；

（4）使你拥有更吸引人的个性；

（5）使你获得自信；

（6）强化你的身心健康；

（7）建立你的个人进取心；

（8）更容易克服身心疲劳；

（9）使他人感染你的热忱。

热情对你潜意识的激励程度和积极心态的激励程度是一样的。当你的意识中充满热情时，你的潜意识也同时烙着一个印象，亦即你的强烈欲望和你为达到该欲望所拟定的计划是坚定不移的；当你对热情的意识变得模糊时，你的潜意识中仍然留存着对成功的丰富想象，并会再次点燃残存在意识中的热忱火花。

热情就像汽油一样，如果能善用它，它就会做一些有意义的工作；如果用之不当的话，就可能出现可怕的后果。

热情失控可能会使你垄断谈话的内容，如果你一直谈论你自己，则其他人就会降低和你谈话的意愿，并且在你寻求帮助和建议时，拒绝给你帮助和建议。

你必须注意勿使你的热情蒙蔽了你的判断力，切勿因为你认为某项计划很好，就把它泄露给你的竞争对手。如果你能看出它的价值，别人同样也看得出来。在你所拟的计划还需要其他资源或环境配合之前，切勿匆忙付诸实施。

别把你的热情用错了方向，例如热衷于赌轮盘或赌马，你可以做一些消遣活动，像钓鱼或读些益智书籍之类，但是如果你把所有的热情都用来消遣时，你将不再有多余的热情来实现你的明确目标，而且你很快就会连做一些消遣活动的资源都没有了。

培养热情的方法有许多：

（1）制定一明确目标；

（2）清楚地写下你的目标、达到目标的计划以及为了达到目标你愿意做的付出；

（3）用强烈欲望作为达成目标的后盾，使欲望变得狂热，让它成为你脑子中最重要的一件事；

（4）立即执行你的计划；

（5）正确而且坚定地照着计划去做；

（6）如果你遭遇到失败，应再仔细地研究一下计划，必要时应加以修改，别只因为失败就变更计划；

（7）与你求助的人结成智囊团；

（8）断绝使你失去愉悦心情以及对你采取反对态度者的关系，务必使自己保持乐观；

(9) 切勿在过完一天之后才发现一无所获。你应将热忱培养成一种习惯，而习惯需要不断地补给；

(10) 保持着无论多么遥远，你必将达到既定目标的态度推销自己，自我暗示是培养热忱的有力力量；

(11) 随时保持积极心态，在充满恐惧、嫉妒、贪婪、怀疑、报复、仇恨、无耐性和拖延的世界里不可能出现热忱，它需要积极的思想和行动。

重要的是，你现在已了解你为达到目标所采取的每一个成功步骤，同时也在创造你的热情，了解热情给你带来帮助后，你将更有能力将热情运用到其他你想运用的地方。

热情的力量真的很大！当这股力量被释放出来支持明确目标，并不断用信心补充它的能量时，它便会形成一股不可抗拒的力量，并足以克服一切贫穷和不如意。

你可以将这股力量传给任何需要它的人，这恐怕是你能够动用热情所做的最伟大的工作了。激发他人的想象力，激励他们的创造力，帮助他们和无穷智慧发生联系。

培养、展现和分享热情，是成功学背后精神原则的完美表现。当你以热情完成你的工作时，就是更进一步地表明，你已在你的周围创造出成功的意识，而此一成功意识无可避免会对他人造成更好的影响。你在这个世界上付出的热情愈多，就愈能得到你想得到的东西。

下属犯了错，不妨送上美味的“夹心饼”

下属做错了事，理所当然要受到批评和惩罚，但如何处理得恰当、得体，不至于造成不良的影响呢？这是许多管理人感到十分棘手的问题。实际上这里有一个极其简单的妙方：有褒有贬，在批评他的错误和指出其不足的同时，肯定他某些成功的方面。乔治·本在这个技巧运用上是位专家，他所发明的“夹心饼”的方法，真是让人拍案称绝。这种方法就是，把你所要批评的东西作为一种馅，放在两件值得表扬的事中间，做到有褒有贬，最后往往是效果良好。

乔治·本经营一家广告策划公司，他的职员中有位叫钟斯的年轻人经常上班迟到，有时甚至多达半个小时之久。乔治·本为了制止钟斯上班迟到的坏习惯，就采取了“夹心饼”的方法。他把钟斯叫到了自己的办公室，当钟斯刚踏进他办公室大门的时候，乔治·本就礼貌地站了起来，欣喜地告诉他：“你这几天的工作成绩很不错，有几项广告创意被大公司重金买断，效果很不错，你实在是公司不可多得的人才。”这是乔治·本所做的“夹心饼”最上面的一层。

接下来是里面的馅——应该批评他了！“钟斯，有一家公司听说你的策划很具特色，想和你单独谈谈，昨天他们的一位公关人员一上班就打电话来，当时你还没到公司。今天早上，那人又亲自来了一趟，可是等到8点20你仍没来，他还以为你有什么急事不能脱身，今天不上班了呢！”乔治·本终于亮出了馅。接着又不失时机地说：“你上班总是迟到，联系人来了见不到你，正常业务无法进行，这对你自己的工作是一种损失，对公司的利益也是一大损失。因此，我希望你能按时上班，不要给其他偶尔迟到的员工找到借口。”

话说到这里，馅已经做完，只剩下最后一层了。乔治·本又强调道：“你作为公司的主要人员，的确为大家带来不少的利益，公司不能没有你，我希望你能明白自己的位置，我们大家对你都寄予了厚望。”

显而易见，上面所举的“夹心饼”例子，就是把要批评的事作为馅夹到两件值得表扬的事之间，这样不至于让受批评者感到尴尬和难堪，从而能在内心深处对这种批评加以接受，同时又不会伤害职员的自尊。受批评者既明白了自己的错误之所在，又认识到自身的重要性，就会认真改正错误，也会更加努力地工作。假如新管理人当着公司员工的面，直接批评：“钟斯，不要以为你工作得出色，就可以随随便便迟到，从现在起，再也不许做违反公司规章制度的事情！”其结果可想而知。一个出色的员工也许就会弃你而去，这不仅对你是种损失，更重要的是这对整个公司是一个巨大的损失。

不要在背后评价你的下属

人人都希望在工作上能互相帮助，取长补短，愉快地工作。但是这种和谐的群体气氛，常会被一些无聊的小事所破坏，使大家的心里蒙上一层阴影。

当某人不在场时对其说三道四，这是破坏群体和谐的大敌。虽然言者未必怀有恶意，然而，由于谈论的是一个不在场的人，言论很易出格，让人听起来不无诽谤之感。

而这些背后议论一个人的言论，传来传去常常在无形中被夸大，尽管传话的人可能并无恶意，但一旦被受议论者听到，足以使其伤透心。人类最难控制的器官是舌头，最难压抑的欲望是说话。想要堵住一个人的嘴巴，恐怕是不可能的。更何况这些背后议论的话语几经相传，最后被本人听见时，已经是恶意话语之集大成了。相形之下，被议论者对那些背后议论者的反感和气愤程度，是可以想象的。随之而来会产生永远不再与那些议论自己的人说话、共事的思想，也是毫不奇怪的。这样一来，和谐的群体气氛必然遭到破坏。

某人不在场时，绝对不要对这个人的行为作任何不负责任的评论，这是作为公司中的一员应有的起码修养。哪怕是没有一点恶意的议论，也是绝对不允许的，因为绝对不允许的道理很简单，它给集体造成的损失是难以估量的。

如果真想给某人提批评意见的话，最好和其本人面对面单独进行，在没有他人参加的场合下，有条有理、心平气和地交谈。既然讲的目的完全是为了他人好，那么，就应该在没有他人的场合讲。随便轻率地说话，或单纯为了发泄私愤而信口开河，都是一个人不成熟的表现。

沉默是金

人们常说：沉默是金，开口是银。一句简简单单的话语却道出了人际交往中的一条重要规律。身为管理者，在与员工交流时你常常得多开口，但是你有没有想过，你的过于“健谈”已经引起了员工的不满呢？其实，适当的沉默，给员工留下一个宁静的思考空间，让他们想自己该做的事，这才是你处理与员工关系的智慧宝石。巧妙地运用它，你将会得到意想不到的收获。

不要以为一位面面俱“道”的上司，就是一位无微不至的好上司，你的唠唠叨叨、啰啰嗦嗦会使你周围的人把握不住你说话的重点，对要做的事情没有一个清晰的概念，从而在实际操作中没有抓住重点进行突破，却选择了在细枝末节上下功夫。也许你是一位心细如发的上司，但是过于仔细地对员工叮咛反而会引起他们的反感，他们会认为你对他们没有信心，对他们的决断思考能力还有怀疑。年轻的员工会觉得你婆婆妈妈，不够爽快利落；年老的员工会认为你不尊重他们，否定了他们的办事能力。久而久之，你便会成为他们厌烦的对象与不愿接近的人。

言简意赅地传达你对员工们的要求和期望，如有必要，再把注意事项交代清楚即可，然后你就可以保持沉默，留一些时间给你的员工们好好考虑具体的步骤。当他们的想法不够准确圆满时，你才可以适当地给予补充，作一次适时的指导，但千万不要剥夺你的员工发言与思考的机会。

在你批评员工时，适当地沉默、宁静可以产生“此时无声胜有声”的作用。通常来讲，当你批评员工时，不要从始至终都充满你的斥责声。在适度批评之后保持一个沉默的空间，让他有时间冷静地想想自己的所作所为，相信这更是一种对当事人的威慑。一方面，员工会因为你的“点到为止”感谢你为他们保留了颜面，另一方面也显示出了你宽广的胸怀。你的默不作声并非是对错误的迁就，而是留给了对方一个自省的余地。

当内部员工发生争执时，适当地沉默、给他们时间冷静是你的缓兵之计。争执的双方为了寻求一个说法，也许会将你——他们心目中的权威者拉入其中，让你作个公断。在没有经过深思熟虑之前，你绝不可以表明自己的立场，滔滔不绝地发表自己的看法。即便你已经知道了谁对谁错，在双方还面红耳赤地争执、谁都不愿意让步时，你的公断也不会达到预期的效果，只可能会使一方的自尊心受挫，认为你是有意偏袒另一方。此时，适当地沉默才是你最好的选择，待到双方头脑冷静后，你再公正地作出评价，其效果必定会事半功倍。

搬弄是非的人似乎在哪里都能找到生存的环境。当你的公司中也存在着一小撮喜欢打“小报告”的人时，对待他们的最好办法就是保持沉默，给他们时间，让他们随意去说。这时沉默并不是对搬弄是非者的纵容，而是在一定程度上制止了是非的蔓延。试想，如果你对那些人说的小道消息表示出了兴趣，他们一定会更加肆无忌惮，必定会闹得满城风雨，良好的人际关系会被搅得一塌糊涂。若是你选择了沉默，等到他们讲够了，必定会索然无味地从你身边走开，是非的传播也就此中断了。

试一试吧，适当沉默，留给员工一个思考的空间，是你处理人际关系的无声“武器”，它会让你在与员工的沟通中畅通无阻。

表扬也是一种批评方法

老板常会遇到大多数人同时犯错误的情况，比如公司开会，大多数人都迟到了。在这种情况下，你不管不问不行，进行处理又有难度。

有句古话叫“法不责众”，挨批评的人多了，大家会觉得无动于衷，点谁的名进行批评，谁就会心中不服：“大家都是这样，又不是我一个，凭什么专挑我的错?”大多数人有着共同心理，会觉得你的批评是唠唠叨叨，吹毛求疵，十分讨厌，说不定你还会“触犯众怒”呢。

那么，这个时候应该怎么办呢？聪明的老板会采取表扬少数者的办法来服众。

比如说，老板召开会议，只有财务部主管准时到达会场，其他人全部迟到。老板大为生气，但他没有批评任何人，只是表扬了财务部主管，赞扬了他的守时作风，结果其他人都面带愧色。

因为迟到的人当中很可能有人有正当理由，如果不分青红皂白，就将他们批评一番，那么有正当理由者必然心中不服，觉得冤枉要申辩。他一申辩，其他人也会纷纷申辩，结果不但达不到目的，还把大多数人都给得罪了。

其实，在场的人谁也不怕批评，因为这么多人陪着，又不丢脸。若将“有正当理由的”和“没有正当理由的”区别对待又不可能，就算你能区分，效果也不会好。

所以，表扬少数实在是最佳做法，既扬了正，又压了邪，受表扬者当然高兴。对大多数人来说，虽然你含蓄地批评了他们，但并没有得罪他们，他们一方面感到羞愧，一方面还觉得你给他们留了面子，会对你更加感激和服气。

不要急于追究责任

下属犯了错误，当然要追究其责任，但在事情还未搞清楚之前，千万不要急于处理，因为如果处理错了，事情就很难再挽回。如果还没有处理，那么主动权便掌握在你的手里，想什么时候处理就什么时候处理。

某公司的信息主管因提供了错误的市场信息而导致了公司决策的失误，如果你是该公司的总经理，你该如何处理这件事情？这是发生在日本著名的企业家松下幸之助身上的事，让我们看看松下幸之助是怎样对待这一事件的。

对于该信息部经理所犯的这种严重错误，松下幸之助完全有理由将其开除，但是他并没有急于做出最终的处理意见，而是分析了两种可能的情况：一种可能是这位主管本身并不称职，已不宜于再继续担任这个职务；而另一种可能则是“好马失蹄”，由于一时的大意而出现的判断错误。如果是后者，那么将他撤职就会毁掉一个人才。

松下幸之助进一步考虑到，目前还没能找到另外一个更合适的人选担任这一职务。一旦将现在这位主管撤职，将会影响到公司其他工作的有序进行。

于是，他把这位主管找来，告诉这位主管他自己将要对这次事件做出处理，但没有明确告诉他处理意见，于是事情就拖了下来。

在这段时间里，这位主管为了弥补上次的过失，一直兢兢业业地工作，多次提供了极有价值的信息，为公司的决策作出了贡献，同时也用事实证明了他是称职的，上次的失误是意外情况。

不久，松下幸之助又把他叫了过去，并对他说，鉴于他近期的业绩，本来应该给予奖励，但因为上次的失误还没有处理，所以将功抵过，既不奖励，也不处分。这种处理方法的效果无疑是非常好的，既没有影响公司整体的运作，同时又使这位信息主管以及其他员工心服口服。

我们看到，在这次事件当中，主动权始终掌握在松下幸之助的手中，虽然他没有马上将那位主管撤职，但只要找到了合适的人选，他随时都可以将现在的主管辞退。同时通过这段时间的考察，避免了自己可能会做出的仓促决策造成的人才的不必要损失。

第八章

有效沟通，营造和谐的氛围

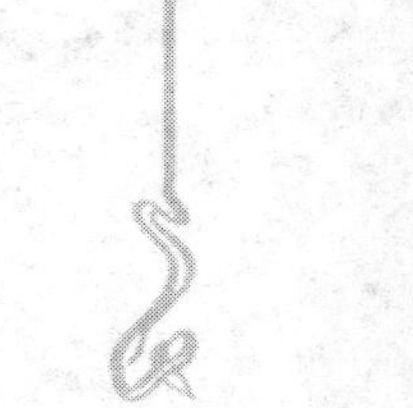

居高临下的管理模式，只能造成“墙壁式的阻隔效应”。管理者只有把员工作为具有人性的人来善待，多与之沟通和协调，才可以多得到他的一份心。这种赢得人心的管理策略造成的潜力常是巨大的。

管理者要与员工处理好关系

所谓幕前（或前线）执行管理者是指负有最后完整权责的人。

所谓幕后（或后方）参谋管理者是指提供建议、协助及服务幕前执行人中完成责任目标的人。前方作战的陆、海、空军是属于执行人员，而后方联勤部队则属参谋勤务人员，任何作战（如何管理活动）必须有前方及后方的配合、方能得胜，所以管理人员必须掌握各种人事的处理工作，包括员工关系、顾客关系、社区关系、政府关系、金融关系、股东关系及供应商关系。其中尤以员工关系的处理最为直接相关。下列七条为经验人士处理员工关系的宝贵心得，甚为简明，供新经理人参考。

第一条：当一个人为寻求新工作机会而面谈时，总是期望别人对待他有礼貌、诚恳、态度自然而又不失之轻率，使他能充分显出他的优点。

第二条：一般人都希望别人因他有贡献价值而“欢迎”他去工作，而非因同情而施舍或赏给他一碗饭吃。

第三条：一般人都希望接受简单、明确而合理的指示，告诉他应做些什么？如何去做？以及做到何种程度才算做好。

第四条：任何人都喜欢在他所尊敬及能信任的人手底下做

事，不喜欢在他认为无能或看不起的人手底下做事。

第五条：每一个人都喜欢别人承认他的工作表现及贡献。

第六条：许多人喜欢感觉到他每日的工作对别人有所帮助。当他在精神上感觉对别人的帮助愈大时，他愈不会计较物质上的报酬。

第七条：大多数人喜欢因工作做得好而受到应有的薪酬奖赏及职位升迁。

在“距离”与“分寸”上动脑筋

作为新经理人，你要使员工感到既安全又独立，既得到信任又不感到压抑，既可以提出个人问题也不怕生活受到干扰。现代办公室好比一个家庭，蕴含着其所有的和谐与不睦之处，因此，员工的个人生活问题至关重要。

如果把新经理人对个人生活的态度看做一个连续统一体，其含括的范围很宽。有些人过于干涉员工的事务以致令员工感到隐私权受到威胁（这种人最极端的例子是打听极为隐私的问题，甚至监听别人的电话或搜查字纸篓）。

而另一些人高高在上、远离员工，使员工感到自己与其说是有血有肉的共事者，还不如说更像机械人（在这种环境中，员工的问题将不断恶化，直到已无法补救了才来一次总爆发）。“员工及其个人生活问题现已引起日益的关注。”纽约员工管理公司副总裁兼人力资源部主任朗达说，“当今的生活日益复杂，经理人越来越有理由要介入和干预员工的个人问题。”

心理学家罗森是美国华盛顿特区一家叫健康企业集团的管理顾问公司主要负责人，他认为这个问题当属员工和企业之间互动方式发生显著变化的一部分。他说：“企业需要员工对自己的行为担负更多的责任，以便成为企业的活跃伙伴。同时，企业必须在效率管理上担负更多职责，这也许意味着他们不得不更加留意与员工的关系。”

罗森认为，与这种势头相对，个人在社会中得到越来越大的权力和授权赋能。他说：“员工愈加敢作敢为，更不愿盲从权威。”因而，当管理层想介入员工个人生活领域时，员工一旦觉得有失公允，就会有意无意地予以报复，反之亦然。

许多具体领域都存在这些问题：个人健康资料事关企业的福利项目时，谁可以接触这些资料？谁来监控电脑文档或能进入私人办公室？员工无视危险去吸烟、不系安全带驾车、高空弹跳，该怎么办？

罗森说：“最终，我认为，要是关系到业绩，上级就有权来监督员工的工作。但工作之外做什么，就是员工的事了。在企业内他们必须是成熟的业务伙伴，并明白公司对他们的期望是出于合理的业务原因。”

也有人认为管理层与员工应保持一定距离，《时代周刊》亚洲版的督印人约翰就是其中一名。他说：“只要不影响业绩，我认为一名好经理并不需要对员工的个人生活了解很深。这种事应知道得少之又少。以我的经验，人们很擅长处理这些事，经理人不须介入员工个人生活。至于那些人人都能碰到的风风雨雨，也就听其自然。”

约翰接着又说道，现在，几乎所有企业的竞争力比以往任何时候更着重于精英人才。“最要紧的是工作业绩，而不是你的工作风格、背景或家庭。”加德纳对此表示同意，但是他的做法截然不同。加德纳是生气勃勃的摩尔波公司的合伙创始人。他说：“我最爱管员工的闲事，这不仅是我的天性，而且我还认为这是我接近员工的一种有效方式。我想了解他们的家庭生活、室友、亲戚、家庭等，样样我都想知道。”

这种个人接触，从加德纳个人比较年轻（刚 30 出头）及他年轻的员工队伍（仅有 4 个员工超过 30 岁）中略见一斑。他鼓励有意加盟公司的员工同父母商量是否加入，而且他会与前来看望子女的父母亲共进午餐。他说：“这样做对员工来说意味深长，这也使他们的父母对公司有个好印象。”

谈到个人生活问题时，通常哪些问题会唱重头戏？人们立时想到的当然是婚姻、约会习惯等，但是，经理要不要去了解员工的政治信仰、宗教活动、约会经历和驾驶记录？私人电话记录也不例外吗？如果不影响生产率，回答可能是否定的。

一家大报的主编发现，涉及健康问题时需要步步为营。她说：“如果某人一周内三天两头儿地去看病，我就必须找出事件的原因，因为他的工作没完成。我讨厌去问，有时这个问题令人尴尬，员工谈到这个问题时也感到窘迫。但是我的工作通常取决于他们的业绩，因而我不得不问一些可能侵犯隐私的问题。”

员工管理公司的朗达认为，经理必须培养对员工问题的敏感度，同时也要清楚何时寻求专家帮助。她说：“身旁有个协助员工计划很重要。”但她警告说，只要越雷池一步，那你可能会惹上官司。

一些经理同意，营造开放式办公文化后就不存在侵犯个人隐私的问题了。施瓦茨在纽约经营一家有12名员工的公共关系代理机构。他说：“在这么小的办公室里，我和员工之间根本没有隔阂。他们随时可以来征求关于他们个人事情的建议。但你必须掌握好分寸，保持距离不要靠得太近。要意识到这是个人私事，但不要穷根究底。”

独立会议策划人邦尼说：“让员工感到他们可以找你帮忙，这非常重要。尊重隐私权是一项宝贵的资产。如果你有志于此，他们会更加投入地工作。如今你投之以桃，将来他们很可能在工作上报你以李。”

加德纳坚持认为，如果问得唐突，应该允许员工避而不谈。他说道：“如果我问的是特别私人化的问题，他们总是可以说‘加德纳，唔……没什么。’并且也不会因此而丢了工作。”

在考虑员工的个人生活时，应注意以下几点：

评价自己的风格：太爱管闲事？太高高在上？还是恰到好处？确保奖励以业绩为基础，而不是盯着个人问题。了解关于经理与员工关系注意事项的法规或企业政策。营造这样一种办公氛围：让员工乐意与你分担问题，并且确信他们的问题不会成为闲聊时的谈资。

与员工进行私人交谈时应谨慎，谨防出错。

从倾听中掌握信任

许多新经理人不愿倾听，特别是不愿倾听下属的意见。实际上，管理问题在很大程度上就是沟通问题，80%的管理问题实际上就是由于沟通不畅所致。不会倾听的新经理人自然无法与下属进行畅通地沟通，从而影响了管理的效果。

倾听，并不一定代表你对对方谈话的认同，它仅表示对对方的尊重。每个人都有表达自己想法的权利。每个新经理人都希望自己的讲话能够被下属认真地倾听，同样，每位下属也希望自己的声音能够被自己的上级倾听。倾听不是“听见”，与“听见”不同，它反映了新经理人对下属的态度。如果某个新经理人认为自己听见了，就是在倾听，这是错误的，因为倾听不仅仅用的是耳朵，更要去用心。

1. 要理解下属想说什么

新经理人在倾听时首先要弄明白的是下属到底想说些什么，是对公司的建议、对某人的意见，还是对待遇的不满？由于每个人的性格不同，不同的员工在表达自己的观点时采取的方式也不尽相同。比如，性格较内向的下属，在表述一些敏感的问题时可能会更加隐晦。这需要新经理人在平时多与下属接触，多了解下属的动态，这些对正确理解下属的意图很有帮助。

2. 要站在对方的立场去倾听

下属在讲述自己的想法时，可能会有一些看法与公司的利益或新经理人的观点相违背。这时不要急于与下属争论，而应该认真地分析他的这些看法是如何得来的，是不是其他下属也有类似的看法？为了更好地了解这些情况，新经理人不妨设身处地地站在下属的角度，为下属着想，这样做可能会发现一些自己以前没有注意到的问题。

3. 要听完后再发表意见

在倾听结束之前，不要轻易发表自己的意见。由于你可能还没有完全理解下属的谈话，这种情况下妄下结论势必会影响下属的情绪，甚至会对你产生抱怨。新经理人在发表自己的意见时，要非常的谨慎。特别是在涉及到一些敏感的事件时，尤其要保持冷静，埋怨和牢骚绝不能出自新经理人之口。对员工而言，你的言论代表着公司的观点，所以你必须对你说出的每一句话负责。

4. 要做记录，并且兑现承诺

在倾听员工的讲述时，最好做一些记录，一方面表明你对他谈话的重视，另一方面也可以记录一些重要的问题，以防遗忘。新经理人对自己作出的承诺，最好也进行记录。作出的承诺，要及时进行兑现，如果暂时无法兑现，要向员工讲明无法兑现的原因及替代的其他措施。

上下一片“和气”最美妙

现代企业的多数事务都是依靠分工协作来完成的。企业运行的有效性很大程度上取决于各个层面协作的有效性。

从整个协调体系来讲，有的是通过权责和制度来协调的，比如上下左右权责范围的划分、责任制度和事务配合；有的是通过计划来协调的，比如部门之间的生产期量协作；有的是通过领导的活动来协调的，如指挥、调度、现场办公等。

协调解决各种矛盾和问题、协调产生效率，有的管理学者也把协调归纳为管理职能之一，理应受到新经理人的重视。

1. 外部协调

第一类：垂直方向。存在于企业与上级（主管部门）及下属单位之间。

（1）一般内容：政策和规划上的不一致；政企没有真正分开；行政命令、人事制度、干部任免等；信息沟通不畅；利益冲突，领导个人因素（作风、工作方式、工作关系）等引起的问题。

（2）一般方法：关键在上级，但下级也应主动配合、协调和沟通。一要切实做到政企分开是解决这一问题的根本措施，重点是要规范政府及企业主管部门的职能、真正落实企业经营自主权；二要健全宏观调控和法令条例，避免直接冲突；三要沟通信息，增进理解；四要改善上下级领导的工作方式、工作作风。

第二类：水平方向。存在于企业与用户、协作单位、竞争对手、公众等对象之间。

（1）一般内容：与用户在产品、服务方面发生纠纷；经济往来、协作中的经济纠纷（最常见的是经济合同、债务等）；同行之间由于竞争产生摩擦；企业在经营过程中触犯社会利益或公众利益。

（2）协调的一般方法：企业应规范自身行为（包括产品、服务质量保证、守法经营等）；利用法律武器解决；通过上级主管部门协调；充分协商、沟通信息、增进理解、互谅互让；加强企业公共关系活动。

2. 企业内部协调

第一类：垂直方向——处理好上下级关系。

（1）协调一般内容：组织授权不合理，上下权责不清；下级不尊重上级职权，有越权行事、不服从行为；上级擅自干涉和干扰下级工作；上下级缺乏有效的沟通和理解；上级的不当指挥；上下级个人因素造成的问题（工作思路、习惯、作风等）。

（2）协调的一般方法：组织协调，理顺组织关系，合理分工授权，明确上下权责范围；加强信息交流，广泛开展各种形式的交流、访谈、座谈；企业形成良好的工作氛围和团结一致的合作愿望；提高上下级的素质；上级的指挥要减少失误；建立明确的管理制度和责任制度。

第二类：水平方向——部门之间、岗位之间、生产经营的各个环节之间，是企业协调最大量的工作，也是一个难点，因为上下级之间的矛盾往往可以通过行政手段解决，上级手中的权力可以起很大的作用，而同级之间的问题要复杂得多。

（1）协调内容（问题和矛盾所在）：机构不健全，职能上存在漏洞——例如“三不管”，往往会引起推踢和争抢；分工不明、职责不清，好事争抢、难事推托；机构臃肿，职位、职能重叠、人浮于事；任务苦乐不均；奖惩不明；部门利益冲突；本位主义；侵犯同级职权；个人因素；缺乏信息沟通、各行其是；供、产、销各环节的标准、期量，工序之间的衔接不平衡。

（2）一般方法：组织调整——队伍精干，精兵简政，健全机构、明确权责；制度协调——健全各项管理制度，落实责任制度；科学计划——资源调整、任务分配、期量衔接等；加强教育，提高素质；加强信息沟通；营造团结一致、相互协作的工作氛围。

千万不要让矛盾成火山

企业不不可能满足每一个人的心愿，人与人之间不肯能不存在摩擦。企业员工、上下级之间产生矛盾，若得不到及时解决，就会慢慢沉寂，积成火山，一朝喷发。不但影响工作，甚至有可能影响管理者的位置。所以，作为一名企业管理者，我们必须掌握"和事佬"的本领，将那些矛盾由大化小，由小化无，使组织内部呈现出一片和谐的气氛。

协调工作的形式多种多样，新经理人主要要了解如下几种：

1. 会议协调

为了保证企业内外各不相同的部门之间，在技术力量、财政力量、贸易力量等方面达到平衡，保证企业的统一领导和力量的集中，使各部门在统一目标下自觉合作，必须经常开好各类协调会议，这也是发挥集体力量、鼓舞士气的一种重要方法，会议的类型有以下几种：

（1）信息交流会议。这是一种典型的专业人员的会议，通过交流各个不同部门的工作状况和业务信息，使大家减少会后在工作之间可能发生的问题。

（2）表明态度会议。这是一种商讨、决定问题的会议。与会者对上级决定的政策、方案、规划和下达的任务表明态度、感觉和意见，对以往类似问题执行中的经验、教训提出意见，这种会议对于沟通上下级之间感情、密切关系起到重要作用。

（3）解决问题会议。这是会同有关人员共同讨论解决某项专题的会议，目的是使与会人员能够统一思想，共同协商解决问题。

（4）培训会议。旨在传达指令并增进了解，从事训练，并对即将执行的政策、计划、方案、程序进行解释。这是动员发动和统一行动的会议。

2. **现场协调**

这是一种快速有效的协调方式。把有关人员带到问题的现场，请当事人自己讲述产生问题的原因和解决问题的办法，同时允许有关部门提要求。使当事人有一种“压力感”，感到自己部门确实没有做好工作。使其他部门也愿意“帮一把”，或出些点子，这样有利于统一认识，使问题尽快解决。对于一些“扯皮太久”、群众意见大的问题，就可以采取现场协调方式来解决问题。

3. **结构协调**

就是通过调整组织机构、完善职责分工等办法来进行协调。对待那些处于部门与部门之间、单位与单位之间的“结合部”的问题，以及诸如由于分工不清、职责不明所造成的问题，应当采取结构协调的措施。“结合部”的问题可以分为两种，一种是“协同型”问题，这是一种“三不管”的问题，就是有关的各部门都有责任，又都无全部责任，需要有关部门通过分工和协作关系的明确共同努力完成；另一种是“传递型”问题，它需要协调的是上下工序和管理业务流程中的业务衔接问题。可以通过把问题划给联系最密切的部门去解决，并相应扩大其职权范围。

到现场走走

经常到公司走走，和员工打打招呼，是接近员工的好方法。

为了提高大多数员工的积极性，需要把他们工作中的内在价值挖掘出来，使他们体会到自己的意义。

为此，管理人员应当在现场到处转转，与员工打招呼，要他们好好干，给他们鼓励，并且，从中发现许多不为人所注意的小的成功，给予表扬，这是非常重要的。

比如说你一周去一次现场，用焕然一新的眼光仔细打量你周围的一切，这样你还可以发现一些细小的改进之处，而这种改进对你鼓舞士气、调动员工积极性是有好处的。

这种姿态，是从管理尊重人的价值观念中产生的，这种价值观念，就是要尊重人，不管什么样的人都要发现他的长处，都要亲近他。员工在公司中，自己努力就会受到上司和同事的赞扬，这样积极性就高涨，就会勇敢地向下一个问题挑战，并在挑战中成长。

第九章

知人善用，没有最好，只有最合适

用人之道，屡见不鲜，但非大多数管理者善于为之，甚至有的仅停留在理论上。用人的学问在于：用人之长，因事设人。只有定准了人，高效工作的局面才会随之而来。

用人之长靠精锐的眼力

小才大用，大才小用，都不是理想的用人准则，管理者唯有适才专用，才能使人发挥他的极大能量。

事业为本，人才为重，这是“善任”的重要原则。

管理者要真正做到“善任”，首先应该从事业的全局出发，充分考虑人才的具体特点，把他放到合适的岗位上。假如不把各人的才能用到最能发挥其作用的地方去，那对人才是一个压制，对事业是一种极大的浪费。

每个人的长处和才能各属特定类型，有的擅长分析，有的擅长综合，有的擅长技术，有的擅长管理，有的精通财务，有的善于交际。特定类型的才能应与特定的工作性质相适应。

工作对人的要求不同，才能与职务应该相称。给予他的职务应最能刺激他发挥自己的优势。职务以其所能和工作所需结合而授，叫“职以能授”，这样，既不勉为其难，也不无可事事。扬其所能，其工作自然积极，管理效能也必然提高。

当然，用人所长，并不是对人的短处视而不见，更不是任其发展，而是应做具体分析、具体对待。有些人的短处，说是缺点并非完全确切，因为它天然就是和某些长处相伴生的，它是长处的一个侧面。这类“短处”不能简单地用“减去”消除，只能暂时避开，而关键还在于怎么用它。用得得当，“短”亦即长。克雷洛夫有一段寓言说：某人要刮胡子，却怕剃刀锋利，搜集了一批钝剃刀，结果问题一点也解决不了。

管理者不仅要熟悉下属的长处，而且还应帮助下属认识自己的长处，使其认识到自己的优势，从而对自己的工作充满信心。管理者应该经常向被管理者提出这样的问题：为了更大地发挥你的作用，你还需要我做些什么？人人有其责，事事有人做。

高明的管理者善于因事设人，而不会因人设事。高明的管理者在管理人才时，总是根据人才的潜能、特长和品德合理地使用他们。

在西方流行一种“能力致胜法”，即有多大能耐，就干多大能耐的事，这是公司管理者用人的一个方面。

人人有其责，事事有人做

处理人事关系是公司管理者案桌上的大事，因为它属于开发人力资源的问题。解决不好这个问题，你就会被拖得精疲力尽。

简单地说，每个人都有自己的特长和弱项，然而一个办公室或一个公司里的职务就是那么多，如果根据取长弃短的原则给每个人安排一个职务，显然是不可能的。如果硬要安排，只能是形同虚设，毫无意义。

所以，高明的管理者善于因事设人，而不会因人设事；他会尽量坚持取长补短的原则，给每个下属安排一个最适合的职务，但又不顺从他们，而是在职务的限制下自由发挥。这就是因事设人。

“因人设事”之所以与“因事设人”相对立，是因为它们体现了两种不同的用人态度和方法。管理者不应该漠视公司的实际需要而安置“多余人”，安置“多余人”只能给公司带来人浮于事的不良效果。因此，“因人设事”是管理者不可不重视的戒律，而以“因事设人”为行之有效的用人原则。这就要求根据工作岗位的要求来挑选合适的人选，把合适的人才聘用到合适的职位上工作，加速公司工作效率。

一般来讲，“因人设事”有八大弊端：

(1) 使公司管理出现人员“拥挤”的现象，从而使公司效率低下；

(2) 给公司管理带来复杂的人际关系，以至于形成“关系网”；

(3) 由于人浮于事，从而使公司的具体工作没有秩序，没有标准；

(4) 会把公司的本位工作置于次要地位，而夸大人情的作用；

(5) 会使公司在复杂的人际网络中逐步失去内在的活力和竞争能力；

（6）会使公司人才遭到创伤，因为不正常的人际关系会制约有用人才发挥作用；

（7）会给公司岗位职责带来破坏作用；

（8）会给公司带来“僧多粥少”的管理困境，从而造成经济效益短缺，财政支出浪费的现象。

“因人设事”的弊害非常多，最致命的一点是给公司恰如其分地运用人才带来负面效应，从而使公司彻底丧失内部管理机制，出现任人唯亲的恶果。

一位对公司抱有责任感的管理者，一定要在“因人设事”与“因事设人”两方面做出正确的选择，否则就会重创公司发展的活力。

与“因人设事”相对立，人要因事而设，这是不言自明的道理，具体做法是：

1. 各就其位

事业为本，人才为重，人事两宜是用人的重要原则。人事两宜，包括两个含义：第一按照需要，量才使用。社会的发展不仅迫切需要各方面的人才，而且也为发挥人才的作用开辟了广阔的道路。积压人才，用非所学，不把人才分配到最能发挥其专长的地方去，强人所难，就会影响公司的发展。第二要了解人，而且要了解得彻底，还要有全面的观点，在使用人才时要职能相称，量才适用，适才所用。人才是有不同层次和类型的，要做到大才大用，小才小用，使相应的人才处于相应等级岗位，把人的才能、专长与岗位、职务、责任统一起来。

选人用人的时候，不仅要考虑全局，教育人们服从需要和分配，而且必须考虑人才的志趣、特长、气质、能力，做到合理使用，让每个人去干自己最擅长的工作，为他们提供充分施展才能的条件和机会，不要强人所难。这样既能避免大才小用，造成人才有余，浪费人才，也能避免小才大用，才不称职，贻误工作。

2. 尽其所长

高明的管理者在管理人才时，总是根据人才的潜能、特长和品德合理地使用他们，分配给人才使用的权力必须足够使其发挥作用，如果出现错误，结合其优势督促人才合理改进，人才自然会愉快地接受。如果分配给人才的职位根本不能发挥他们的才能，在这种情况下，人才连适应都来不及，哪里还能发挥什么才干呢？

3. 因人而宜

用人需根据人才的条件进行安排，人才发挥作用建功立业也同样需要有客观条件，条件不具备时，人才即使有比尔·盖茨、戴尔、杨致远的能力，也会徒劳而无功，发挥不了作用。另一方面，人才各有不同，有的人善于按最高管理者意思做事，能做到这点时，他不很容易满足；有的人志在管理好全局，全局管理好了，他就会高兴；有的人懂得管理社会事物，懂得什么事现在可以做，什么事将来可做，善于适可而止，长远安排；如果能辨别以上各种情况，那么这个管理者才能真正被称为伯乐。

管理者要做一个现代的伯乐并不难，只要你在人与事的主次上恰当把握，就会做到因事设人，而不是因人设事。这样就会使公司形成每个人都能胜任自己的工作，每项工作都有合适的人来完成，从而提高公司工作的整体效益。一个公司要充满生机，前提是人人有其责，事事有人做，时时见效率，而这正是因事设人的益处。

敢于让能人挑重担

予人以重任，人就会产生动力，这是管理者用人的一个要诀。

1945年，战后的日本百业凋敝，到处呈现出破败的景象。经营造船业的石川岛公司也一蹶不振，奄奄一息，前途渺茫。士光敏夫50岁生日刚过，毅然决定出任石川岛公司总经理之职，亲朋好友无不愕然，他在自己空荡荡的办公室里思绪万千：战后世界经济急需恢复和发展，对石油的依赖将越来越大，这就需要大批油轮，而油轮越大运油则越经济，造大船正是石川岛公司的特长……士光抓住这根“生命线”，反复进行实地的调查研究，提出筹办生产20万~30万吨油轮的任务。造船厂工人从没见过如此的大船，都感到吃惊不已。目标明确之后，士光敏夫立即付诸行动。他首先整顿公司内部，精简机构，激发人们对工作的紧迫感，提高工效。士光敏夫和中层干部们说：“人才常常是在工作多而人员少的地方冒出来的。每个人只有把自己的工作担子加重，干着超过自己能力的工作，才能在经受困难的折磨后造就人才。”士光敏夫反复向干部们强调：“少而精有两层意思，一是使用少数精干的人员，但有更重要的一层意思，即因为人少，人们就更有可能变得精干。”

士光敏夫的第二个决策是创办公司刊物《石川岛》，以便使大家随时了解公司内外的最新情况，并让大家发表意见和建议。每年新年过后第一天上班，士光敏夫便率领公司干部站在公司大门口逐一向员工们祝贺新年，预祝大家在新的一年里旗开得胜，把工作做得更好。士光敏夫把公司的目标、任务、措施逐层分解，落实到每个员工身上，各司其职，各尽其责，把每位员工的荣誉与收益和公司的命运挂起钩来，从而给公司注入了活力。由于每位员工目标明确，责任清楚，因此大家工作热情很高。当第一条 20 万吨油轮下水的那一天，全厂上下如节日般的欢腾。

1950 年，幸运事故发生了，为巴西建造的高速巨轮在驶出船坞时撞到了码头上，码头被撞坏，但巨轮只受到一点擦伤，第二天就下水启航了。这个事故使石川岛的名声大噪，人们都相信石川岛的船是坚实可靠的，因而各国订购新船的订货单如雪片般飞来。1960 年，就有 8 艘是日本石川岛船厂建造的。

1955 年，正是石川岛公司最红火的时候，士光敏夫主动辞去石川岛造船公司总经理的职务，到赤字累累、即将倒闭的东芝公司（当时称之为石川岛芝浦涡会社）担任总经理，此举惊动了全日本。士光敏夫到任后提出了充满士光精神的鼓舞人心的口号："将东芝推到第一位！""士光精神"之风很快吹遍了东芝，给东芝带来了生机。士光敏夫鼓励大家说："东芝历史悠久，人才济济，业务水平高，条件也很好，唯一不足的就是一切都太顺利，造成人们不求上进的惰性，使好事变成了坏事。"士光敏夫在领导干部会上说："上级全力以赴投入工作的行动，就是对下级的教育。""没有沉不了的船，也没有不会倒闭的企业，一切事在人为，要想让职工付出3倍的努力，领导就必须付出10倍的努力。负责人就是吃苦的人。"

士光敏夫十分重视东芝的干部管理，他认为干部管理是公司成败的关键。他推行"重担主义"。他说："对部下的最大尊重，就在于发现和发挥他们的才能，然后委以重任。委以重任最能造就人。谁能举100斤，就给120斤，这样才能激发他的创造力。"士光敏夫还和干部们说："总经理也好，部长乃至课长、班长也好，最重要的任务是创造发挥部下长处的环境。"士光敏夫主张人才横向大调动，不断调整，允许毛遂自荐，实行公司内公开招聘，让人们在流动中各得其所。

士光敏夫两次"受命于危难之际"，先后使濒于倒闭的石川岛造船公司、东芝家电公司转危为安，转弱为强，其奥妙就在于用人，尤其是通过委以重任激发人才的创造力。

好钢要用在刀刃上

管理者应该是用人专家，正如美国著名经营专家马考尔所说："管理之本在于用人。"怎样才能把人才用在"刀刃"上呢？

俗语说得好：士为知己者死。身为管理者，如果你了解了下属的本性，也就知道如何有效激励他。那么必会助你一臂之力，让你的目光更犀利，更具穿透性，同样地，这也是为了帮助你更快地走入他们的心灵，驾驭他们、领导他们、开发他们。那么，下属什么时候干劲最大呢？

1. 意见被尊重的时候

下属需要价值感和尊重感。当他们谈论自尊或尊严时，就是表达这种需要。在现代社会其他许多需要都易满足，唯有价值感和尊重感非常难以满足。

现代管理学认为，企业的发展不光是来自经济的财富，而且还来自人的力量，每个企业的管理任务则在于诱导和强化这种力量。现代工作指导方法是，使全体员工站在企业管理者的角度，充分发表自己的意见和看法，管理者则审查这些意见和看法的可行性。这种群体爆发出的活力，也就造就了企业的聚合力。

美国的航空业在20世纪90年代中期处于动荡之中，只有屈指可数的几家航空公司能够始终保持着无懈可击的财务记录。德尔塔航空公司就是其中之一。这家公司在管理工作中不仅创造条件让下属发表意见，而且为了验证下属的意见花费了大量的时间和资金，最后竟会导致一系列的政策的重大变化。机械师伯理特的薪金少了38美元，公司没有付给他某一天修理发动机的加班费。他的上司对此无能为力。这个41岁的机械师对总经理力·加勒特抱怨说："我们总碰到令人头痛的报酬问题，这已经使一大批的优秀人才对公司感到失望了。"3天以后，最高管理部门向伯理特先生作了道歉，并补发了工资。德尔塔公司并就此举一反三，改变了工资政策，对加班的机械师提高了加班费。用于充分尊重下属的意见，这种机制不仅调动了下属的工作积极性，也使该公司在同行业中脱颖而出。

2. 受到管理者称赞的时候

管理者的赞扬可以满足下属的荣誉感和成就感，使其在精神上受到鼓励。

常言道："重赏之下必有勇夫。"这是物质的低层次的激励员工的方法，物质激励具有很大的局限性，下属的很多优点和长处也不适合用物质奖励。

相比之下，管理者的赞扬不仅不需要冒多少风险，也不需要多少本钱或代价，就能很容易地满足一个人的荣誉感和成就感。管理者的赞扬可以使下属认识到自己在群体中的位置和价值，以及在管理者心中的形象。

下属很认真地完成了一项任务或做出了一些成绩，虽然此时他表面毫不在意，心里却默默地期待着管理者来一番称心如意的嘉奖。管理者一旦没有关注或不给予公正的赞扬，他必定会产生一种挫折感，对管理者也产生看法，“反正领导也看不见，干好干坏一个样。”管理者赞扬下属，还能够清除下属对管理者的疑虑和隔阂，密切两者的关系，从而有利于团结。有些下属长期受管理者的忽视，管理者不批评也不表扬他，时间长了，下属心里肯定会嘀咕：管理者怎么从不表扬我？是对我有偏见还是妒忌我的成就？于是同管理者相处不冷不热，保持远距离，没有什么友谊和感情可言，最终形成隔阂。

管理者的赞扬不仅表现了对下属的肯定和赏识，还表明领导很关注员工的事情，对他的一言一行都很关心。有人受到赞扬后常常高兴地对朋友讲：“瞧我们的头儿既关心我又赏识我，我做的那事儿，连自己都觉得没什么了不起，却被他大大夸奖了一番，跟着他干气儿顺！”

3. 管理者与下属同甘共苦的时候

一个管理者，两个下属，再加一间小屋，几个人同心协力，白手起家，终于独占鳌头，成就自己的事业大厦，这样的例子在商业史上数不胜数，许多企业巨头由此而来。

他们的成功靠的是管理者与下属同甘共苦、患难与共。在这种情况下，上下的心往一块贴，劲往一处使，还有什么困难克服不了？又怎么不会使他们成功呢？

其实，与人共患难并不是一件困难事，因为危难情况下，共渡难关、同舟共济往往是唯一选择，但困难的是危难之后，苦尽甘来，仍能与下属共享安乐。

历史上，重耳即位之前深得介子推的帮助。他即位之后，就论功行赏，功大的封邑、功小的晋爵，各得其所。介子推不愿受封，重耳仍把绵上封为介子推的祭田。众臣此后更加竭力相投，终于帮助他打败楚国。

以史为鉴，我们可受到不少启发，作为一名管理者，身处逆境时，与下属共渡难关，时来运转时，千万不可独自居功，尽享成果，唯有如此，才能赢得威望，得到下属爱戴，共创公司大业。

因此，作为一名管理者，对待下属要以义为重，能与下属同甘共苦。那么，怎样才能做到这一点呢？

（1）逆境中，与下属同心协力。哪个公司都有运气不佳时，哪个管理者也都有身处逆境之时，这时，一个出色的管理者应做一个好的舵手，看准方向，动员所有下属共同努力，充满自信地面对困难，千万别端着架子，支使别人，危船上，你也要尽一份力，否则旗倒船翻，你自己也会掉进海里。

（2）时来运转莫忘难兄难弟。当时来运转、春风得意之时，千万不能翻脸不认人，即所谓过河拆桥，忘恩负义。这样的管理者会为人所不齿，谁愿意自己拼命保全的竟是一个忘恩负义的小人，一旦管理者魅力丧失殆尽，并且背上不讲义气的骂名，难兄难弟不会再为你效力，新来的人也会望风而逃。

这时，不妨慷慨解囊，为员工加官进薪，让他们分享你的成果，使其自身的满足感和成就感得以实现；切不要排斥有功员工，落得骂名。

一个公司或部门的发展壮大依靠管理者和员工共同努力，同舟共济。而患难与共之中形成的上下关系才是最牢固的关系。身为管理者，一定要做到与员工同甘共苦，要安不忘危，才能真正激发员工的干劲，使事业蒸蒸日上。

4. 被委以重任的时候

无论何时何地，人们都希望有自己的地位。有许多低层的员工，他们从不考虑工作的整体，要想休息就不去上班。一旦职位高升，反而会认为“工作第一”。许多基层员工总是与上司呈敌对状态，一旦赋予他某种责任，他就会改变态度，热心督促员工工作。

另外，每个人都希望自己的地位节节攀升。你若经常置某人于某个位子上，他会渐渐地降低工作意念，因此，管理者必须让他成为实力更高的人，使他们能得到较高的地位，这样才能调动他们的积极性，更好地投身于工作。

管理者在批评员工没有责任感，缺乏干劲之前，不妨先确定其地位，提高他们的责任感，启发干劲，这都是有效的方法。

5. 有强大竞争对手的时候

生于忧患，死于安乐。作为员工，如果他们没有面临竞争的压力，没有生存压力，他们就容易产生惰性，不思进取，这样的员工没有前途，这样的公司也会没有前途，因此，管理者必须从上任那天起，让所有的员工知道，只有竞争才能生存，同时给他们施加竞争压力，让他们深刻体会到适者生存、优胜劣汰的道理。

举个简单的例子：看到邻居新购了一台彩色电视机，你虽然最近经济拮据，但为了面子问题，也可能会用分期付款的方法或向亲朋好友借钱来买一台电视机。在工作上也有同样的表现，如同期进公司的两人，常常会暗自攀比，彼此也有不愿输给对方的观念，这都是因为竞争意识造成的。

6. 才尽其用的时候

每个人都有自己的兴趣爱好、特长品质，不同的是，他们的能力不同，兴趣不同。如果他们的工作与自己的兴趣特长相吻合，那么就会有一种“如鱼得水”的感觉，在工作中，就会充分发挥他们的积极性；反之，如果才不能尽其用，就容易产生逆反心理，郁闷、低沉，这样是不会做好工作的。

身为管理者，你应该注意观察每个员工的特点，然后根据其特性委以不同的工作，使其“才尽其用”。如果你能做到这一点，相信你领导的部门及员工将会前途无量。

掌握用人的火候

有经验的管理者都有这样一个切身体会：用人行为的发展演变过程十分复杂，尽管管理者手中掌握着看似显赫的用人大权，但在许多时候，他并不能随心所欲地使用下属。在将用人认识转变为用人行为，最终实现自己的用人目标的过程中，管理者的用人抉择往往要受到许多内外在因素的制约和影响。有时候，错过一次用人机遇，往往意味着将有一批下属必须为此再等待若干年，甚至一辈子也没有施展才华的机遇。为此，作为一个对下属负责任的管理者，就必须十分珍惜每一次极其宝贵的用人契机，尽可能在契机降临之际，适时起用那些德才皆优、实绩卓著的优秀下属。这种适时捕捉用人机遇，果断起用已经成熟的优秀人才的用人谋略，就叫做适时起用谋略。

为什么对各类人才的起用，必须做到适时呢？

这是因为，每个人才都有他一生中的最佳时期，而对每个人才的起用，又有对其健康成长最为有利的恰当时机，能否选择最为有利的恰当时机，去适时起用处于最佳时期的各类人才，其用人效果是大不一样的。

所谓最佳时期，目前人才学界有两种解释，一种意见认为，可以从人才的接近成熟期，或者叫基本成熟期算起，加上他的整个最佳年龄区，即成为人才一生中的最佳时期；还有一种意见认为，人才的最佳时期，实际上应该短于他的最佳年龄区，一般可以从他的基本成熟期算起，直到他的巅峰状况时期（即峰值年龄）为止。按照上述两种意见，我们便可以粗略测算出一个人才的最佳时期。例如，某个领导人才的基本成熟期为30岁左右，他的最佳年龄区为35～55岁，他的峰值年龄为45岁，那么，他一生中的最佳时期，就是从30岁左右至45岁之间，或者从30岁左右至55岁之间。鉴于每个人才的基本成熟期、最佳年龄区和峰值年龄各有不同，长短不一，因而在测算人才的最佳时期时，应该因人而异，区别对待。

所谓起用人才的恰当时机，应该符合以下两个条件：第一，能够最充分地利用他的最佳时期，使人才在他精力最充沛、才华最横溢的时期，为国家和人民作出尽可能多的贡献；第二，对其健康成长最为有利，能够产生激励作用，促其成长。只有在这样的时刻，大胆地、及时地将人才选拔到重要的岗位上来，才算准确捕捉到了恰当时机，用当其时。

在具体运用适时起用谋略时，各级管理者应着重注意以下三点：

（1）要懂得掌握用人契机的重要性，尽力捕捉每一个稍纵即逝的用人机遇，充分加以利用。用人机遇，并不是随时都有，更不会反复出现，有时候，对于某些人才来说，也许一生中只会遇到一次。倘若管理者不懂得掌握用人契机的重要性，不会捕捉稍纵即逝的用人机遇，就很难避免酿成贻误人才、浪费人才的用人悲剧。

（2）要适时摘取接近成熟或刚刚成熟的苹果，最大限度地利用每个人才的最佳时期。既然每个人才的最佳时期都是有一定期限的，那么，适时摘取接近成熟或刚刚成熟的苹果和过时摘取已经熟透变烂的苹果，两者相比，哪个获取的社会效益和经济效益显著，这笔账是不难计算的。为此，各级领导在用人行为中，就应该有意识地强化自己的适时起用意识，坚决抛弃一切求全责备、长期考验、求稳怕乱、论资排辈的陈腐用人观点，大胆起用那些锐意进取、勇于开拓的中青年优秀人才。

（3）要建立健全一整套适时起用各类人才的制度，为各类人才的健康成长提供更多的条件和机遇。在用人实践中，单靠少数开明的管理者一味被动地捕捉机遇，适时起用人才，固然能够发掘一部分人才资源，但这显然是远远不够的。为了从根本上消除贻误人才、浪费人才的不良现象，各级管理者还必须根据本地区、本单位的实际情况，尽快建立健全一整套适时起用各类人才的制度，从而主动地为各类人才提供更多的成才条件和成才机遇。唯有这样，适时起用谋略才能在用人行为中得到始终如一的、畅通无阻的贯彻实施。

量才适用，就会无才不用

使用人才，不要把着眼点放在“全才”上，而应该放在扬其所长上，实事求是地取长避短，先看长处，多采长处，使之“八仙过海，各显神通”，发挥长处，施展才干。

识人坚持量才适用的原则，要注意用人之长，避人之短。每个人才的具体情况往往不同，有的是通才，有的是多才，有的是专才；有的少年得志，有的大器晚成，等等。作为一种社会现象，每个人才的长处与短处却是客观存在的。一个人的长处里同时也包括某些缺点，短处里同时也含着某些优点。例如，有的人才很有魄力，敢想敢干，但考虑问题往往不够周密，显得不够稳重；有的人才处世稳重，深思熟虑，却往往又失之魄力不足；有的人才原则性强，但工作方法却可能欠灵活，等等。我们要用辩证的观点来看待一个人才的长处和短处，在看到一个人才的短处的时候，需要再分析一下，与短处联系的会有些什么长处；在看到他的长处的时候，也要分析一下，与长处相联系的还可能有什么短处。在某种情况下，扬长能够避短，扬长与避短之间不是孤立的或平行的，而是交叉融合在一起的。

人才，不是全知全能的完人，但各有特点和所长。有的善于做军事工作，有的善于做政治工作；有的精通某种专业，有的具备多方面的才干；有的懂专业但缺少组织领导能力，有的则二者兼而有之；有的适合当主管，有的适合做副职；有的长于带兵，有的则做机关工作更能发挥作用，等等。管理者的责任，就是按照他们这些不同的长处和特点，量才使用，为各类人才提供最能充分施展才能的机会和条件，使人尽其才，才尽其用。

坚持量才适用的原则，首先是要正确处理好按需使用和量才使用的关系。即要“坚持人、事两宜的原则，用人得当，适得其所”。就是说，合理地使用人才，要从事业和工作的需要出发，同时又尽可能地照顾到个人的志趣和专长，把二者有机地结合起来。

第十章

授权之后，大家都是主人翁

没有授权意识的管理者，不会得到员工的广泛支持。权力的绝妙处不在于“紧”，而在于“收放结合”。一旦员工自己成为权力的主人，他必然会比没有权力时更加精细地对待工作。

慧眼识准可以授权的人

现代社会活动错综复杂，一个管理者即使三头六臂，也不可能独揽一切。一个高明的管理者，其高明之处就在明确了下级必须承担的各项责任之后，授予其相应权力，从而使每一个层次的人员都能司其职、尽其责。管理者除了作出必要的示范外，一般对部属无须太多干预，不宜事无大小一律过问。

管理者授权要注意责权统一的原则。授予部属一定的权力，必须使其担负相应的责任，有责无权不能有效地开展工作；反之，有权无责会导致不负责任地滥用权力。

管理者在授权时要考虑两个因素：

第一，要看公司规模的大小。公司规模越大，上层领导与基层工作距离越远，需要处理的各种事务越多、越复杂，管理者就应把更多的具体权力授予熟悉情况的部属；授权范围应视管理者能够弄清问题并作出正确决策的范围而定。

第二，要看公司业务活动的性质。业务活动的专业性越强，管理者就应授予负责该项业务活动的部属以更大的权力，允许其在业务活动范围内作出决断，这是避免“外行领导内行”的瞎指挥的一个重要措施。

在授权时，管理者还要考虑部属是否愿意接受权力和能否胜任指派的工作。有些下级并不总是那么欣然地接受所授予的权力的，如果他们对问题本身不感兴趣，或者不愿意承担更多的责任，管理者也不必勉强。

有的管理者担心部属把事情弄糟，在授权时常常犹豫不决，甚至宁愿自己动手去做，这样领导就难以摆脱琐事的纠缠，而又使部属得不到锻炼。

当然管理者授权时还要考虑：哪些权力是必须保留而不下授的？一般说来，管理者至少要保留以下几种权力：事关公司前途的重大决策权；直接部属和关键部门的人事任免权；监督和协调各个部属工作的权力。

这些权力均属管理者本人工作范围内的职权，不宜下授。

管理者在权力授出之后，还必须加强对部属的检查和协调工作，以观察部属能否正确使用所授予的权力。管理者只要能掌握一套强有力的检查控制系统，运用行之有效的检查控制方法，就能保证部属各司其职，各尽其责，使各项工作得以高效地开展。

人才，特别是知识分子，大多有较强的自信心和自尊心，有成就感和荣誉感，有通过自己的努力去完成某项工作或某种事业的心情和愿望，因此，管理者应该充分信任他们。

授权之后就放手让他们在职权范围内独立地处理问题，使他们有职有权，创造性地做好工作。对他们的工作除了进行一些必要的领导和检查外，不要去指手画脚、随意干涉。无数事实证明，这是一项用人要诀和领导艺术。信任人、尊重人，可以给人以巨大的精神鼓舞，激发其事业心和责任感，而且只有上级信任下级，下级才会信任上级，并产生一种向心力，使管理者和被管理者和谐一致地工作；相反，当一个人的自尊心受到伤害时，他就会本能地产生一种离心力和强烈的情绪冲动，影响工作和同事之间的关系。

授权与信任密切相关。一个管理者，如果不相信下级，那么就很难授权予下级，即使授了权，也形同虚设。有的领导一方面授权予下级，一方面又不放心，一怕他不能胜任，二怕他以后犯错误。对有才干的人还怕他不服管，具体表现为越俎代庖，包办了下级的工作；越权指挥，给中层领导造成被动；不懂某方面的专业知识，却干涉下级的具体业务，甚至听信谗言，公开怀疑下级等等，凡此种种，都会挫伤下级的积极性，不利于下级进行创造性的工作。

作为管理者，要想充分发挥下级工作的积极性和创造性，一方面要放权，使下级在一定范围内能自主决断。另一方面要设身处地为部属着想，勇于承担部属工作中的失误，不能出了成绩是领导有力，有了过失即部属无能；要言而有信，不能出尔反尔，言行不一，否则部属就会对领导失去信任，领导也会因此而丧失威信。

古人云：“非得贤难，用之难；非用之难，任之难也。”用人不疑，疑人不用。管理者应该把目标、职务、权力、责任四位一体地分授给合适的下级，并充分地信任他们，放手让他们工作。这才是作为管理者所应有的风格。

不要被权力束缚

要做大公司，掌权是个技巧和艺术问题。对掌权者而言，始终把权力捆在自己身上显然是错误的，因为高明的授权法是既要下放一定的权力给部属，又不能给他们以全受重视的感觉；既要大胆信任，又要有一定的牵制。若想成为一名出色的成功管理者，就必须深谙此道。

一个成功的管理者应该懂得“一个人权力的应用在于让他们拥有权力”，掌握授权这一领导艺术，需要注意的是授权虽然重要，但并不是人人都会授权，授权不当比不授权造成的后果更严重。正确的授权做法是：

1. **择人授权**

即根据下级的能力大小和其他个性特征等区别授权。对于能力相对较强的人，宜多授一些权力，这样既可将事办好，又能锻炼人；但对于能力相对较弱的人，不宜一下子授予重权，否则就可能出现失误。同时，授权时应考虑被授权者的其他个性特征。对于性格外倾性明显者，授权让他解决人事关系及部门之间沟通协调的事容易成功；对于性格内倾性明显者授权他分析和研究某些问题则容易成功；对于要求做出迅速和灵活反应的工作，授权让多血质和胆汁质的人处理就能成功；对于要求持久、细致严谨的工作，授权让黏液质和抑郁质的人处理就可能效果良好。

2. 当众授权

当众授权有利于使其他与被授权者相关的部门和个人清楚，管理者授予了谁什么权、权力大小和权力范围等，从而避免在今后处理授权范围内的事时出现程序混乱及其他部门和个人“不买账”的现象。

3. 授权有根据

管理者应以手谕、备忘录、授权书、委托书等书面形式授权，这具有三大好处：一是当别人不服时，可以此为证；二是明确了其授权范围后，既限制下级做超越权限的事，又避免下级将其处理范围内的事上交，以请示为由，看似尊重，实则用麻烦管理者的办法讨好管理者；三是避免管理者将授权之事置于脑后，又去处理其熟悉但并不重要的事。

4. 授权后要保持一段时间的稳定，不要稍有偏差就将权收回

如果授予一定权力后立即变更，会产生三个不利：一是等于向其他人宣布了自己在授权上有失误；二是权力收回后，自己负责处理此事的效果如果更差，则更产生副作用；三是容易使下级产生管理者放权却又不放心的感觉，觉得自己并不受管理者信任，有一种被欺骗感。因此，在授权后一段时间，即使被授权者表现欠佳，也应通过适当指导或创造一些有利条件让人以功补过，不必马上收权。

5. 授权不授责

组织管理原则中一直有权责对等这一原则，但授权却是例外，即授权后并不要求被授权者承担对等的责任。因为权责对等原则是针对某一职位应该拥有的权力而言的，若没有这一权力，则这一职位就没有必要设立，而授权对于管理者来说是一种可为也可不为的权力，而不是必须为的义务。在这种情况下，管理者授权的实质就是请被授权者帮助他办事，是一种委托行为，因此，授权后，当被授权者将事情干得好时，应当给予奖励和表彰；当事情干得不如意时，管理者应该自己来承担责任，而不能将责任推给被授权者。

6. 授权有禁区

尽管从某种角度说，管理者能够授出的权越多越好，但并不等于说管理者将所有权都授出去而自己挂了空衔最好，如果这样，公司就没有必要设立管理者了。在授权问题上存在禁区，有的权多授好，有的权少授甚至不授更好。一般来说，授权的禁区有：公司长远规划的批准权，重大人事安排权，公司技术改造和技术进步的发展方向决定权，重要法规制度的决定权，机构设置、变更及撤销决定权，对公司的重大行动及关键环节执行情况的检查权，对涉及面广或较敏感的情况的奖惩处置权，对其他事关总体性问题的决策权。

多在“巧”字上下功夫

授权是现代领导工作的一个重要组成部分，虽然授权有实际上的困难，但多授权可使工作顺利进行，也有机会为企业培养未来的管理人才。

授权是使管理者分身有术之道，它一方面可以使管理者减轻工作负担，提升决策层次；另一方面则可让部属站在管理者的角度思考问题。

这是让部下磨炼成长的绝佳机会，同时也使部属因感受到上级的器重而有很大的激励效果。

因此，授权是上下级关系间的大事，也是管理者发挥综合管理全局作用的捷径。

授权不是一种“零和状态”，不是管理者授掉一些权就少了一些权力，就不能领导了；相反，授权是一种“我行你也行”的制度设计。

管理者若能够善用授权，可以得到以下几方面的益处：

（1）管理者可以分掉一些管理细枝末节的、技术性的、事务性的事项的权力，专心于重要事项的完成；

（2）授权可以使部下熟悉相关工作的管理，有助于为企业培养所需的管理人才；

（3）授权可以使管理者在工作中有机会发现部属的能力与潜力；

（4）授权可以让管理者借助部属的专长，提高他们的工作热情；

（5）授权可以让工作顺利进行。由于每个职务都有代理人，所以工作的安排与设计就更富有弹性。

尽管授权有许多的好处，也有其必要性，但它也面临一些问题，这些困难同时来自管理者与部属两方面。

从管理者方面来说，要防止以下授权的误区：

（1）自认为自己最能干，认为部属能力不足或经验不够，不足以担当更大的责任，不愿授予部下权力；

（2）管理者怕授权太多，威胁到自己在企业中的地位；

（3）管理者权力欲过大，认为管理越多，权力越大，表明自己越行，他们在被人请示时有种虚荣式的成就感；

（4）有些工作有其重要性与紧迫性，甚至带有机密性，必须由管理者亲自处理；

（5）管理者不知该如何授权，工作方式僵化而少变化，自然不想授权，即使想授权也不知从何着手。

从部属方面来讲，有时管理者想授权，却因各种原因反而变成了下级授权给上级，形成“反授权”。“反授权”的行为在下列六种情况下有可能出现：

（1）部下不愿自冒风险，不敢承担工作的责任；

（2）部属怕挨批评，不愿接受上级的授权；

（3）部属缺乏自信，不敢承担上级授予的责任；

（4）部属缺乏必要的资料和可资运用的资源；

（5）管理者本人对部属交回的权力“来者不拒”，重新收回权力；

（6）管理者难以拒绝部属的要求，一步一步又收回了授出的权力。

作为一个优秀的管理者，必须首先认识到授权的重要性，一定要结合相关的工作实际，巧妙地用好授权。要突破自己惜权不放的心理，大胆放权，对部下放手运用，同时还要防止部下的“反授权”。

尊重部属的意见

有些管理者不重视部属的意见，有的甚至认为部属是故意难为自己。“从善如流，偏听则暗”，作为管理者，只有认真听取下面的意见，才能得到部属的拥戴，否则有可能会砸掉自己的饭碗。

部属不是木偶，可以任何时候都言听计从，他们有自己的思想，有自己的大脑，能够对各种事物、环境、人员等进行分析和思考。他们能够独立完成自己的工作，对管理者的决议提出异议，对公司的发展提出建议，要求自己的权益等等。面对具备理性的部属，只有通过理性的方式才能够统领他们。

在战国时期，秦国派大将王稽攻打赵国的首都邯郸，但一连17个月都没有攻打下来，王稽非常苦恼。

此时，有一个叫做庄的部下向王稽说："如果你犒赏部下，就可以鼓舞他们的斗志，邯郸就可望攻破。"

王稽不耐烦地说："我是统帅，只知道服从国王的命令，别的事情管不了那么多。"

庄没有就此后退，继续规劝道："我看你一味地媚上欺下，独断专行，已经很久了。我听说10个人合力就能将木槌弄弯。如果大家都口传消息，要求你改变指挥方法，这个消息就会不翼而飞。这说明部下的力量是巨大的。因此，你还是犒赏一下你的将士们吧！"

王稽仍旧听不进庄的劝告，几天之后，秦军发生叛乱，严重影响了战事的顺利进行，秦王甚怒，就将王稽处死了。

事实上，如果部属向你提出建议，这是一件好事，说明部属还是把你当做可以信任的人，而那些默默无语、背地里说坏话的人心里正巴不得天下大乱呢。

由于部属是处于你所领导的群体当中，他们更能够了解你的部属所存在的问题，有利于你掌握第一手材料，以便采取措施。部属的建议一般是针对性比较强，有的还是很实用的，接纳部属的建议，不仅能够节省你的精力，还给自己的属下以平易近人、从善如流的良好印象，也使得属下感到受到重视。

当然，由于部属所处的地位和环境、阅历等方面的不同，有的建议并不适合现有的情况，但在拒绝时一定要婉转，并给予适当的鼓励。诸如“你的建议很好，只是要过一段时间才能够实施，你的思维倒是挺超前的”等等。

如果你有权控制你部门的奖金发放，不妨设置一个“优秀建议奖”。

对于有些好的建议，可以在空余时间与部属共同探讨，不仅能够激发部属参与的积极性，并且能够发现人才，培养自己的心腹。

放低自己的姿态

是英雄，是好汉，赛场上见。不管管理者是英雄也好，是好汉也罢，趾高气扬地出现在大众面前，绝对不是个好形象；相反，若以低姿态出场，场面定然火爆一片，你也会风光无限。

管理者的工作就好比剧组里的导演，或是运动队中的教练，表面上不算风光，但如果没有领导们的辛苦工作，演员永远也不可能大红大紫，运动员也许毕生要与金牌无缘，这就是所谓的幕后英雄。商场上，管理者不会天天东奔西跑地跑销售，也不会一天到晚闷头苦算收支账，但部门里任何一项工作都少不了管理者的参与。总观全局，兼顾个体，是管理者们的职责，也是团体赖以生存与发展的基础，但同时领导对一些抛头露面的工作需要尽量保持低调，以配合部属们的精彩表演。

1. **总观全局**

这是“无名英雄”的首要特征。身为一名领导，你是否已经成功地控制了你的每一个部属，随时随地了解他们工作的进程、成功或失误；是否在绝大多数情况下，对部门的运营情况都能用最简练的语言描述出来；你是否清楚公司的历史，公司的现状，公司未来的发展方向，以及各种长期和短期规划。你的工作就是保证部门沿着某些计划好的或是你十分有把握的方向发展。一旦有些出格或失控的情况出现，你应立即想办法解决。你的工作还在于只有你一个人能够完完全全地了解部门内部、各个不同分工小组的工作进度，所以在部门里只有你才能调整各组之间的工作比例。比如，当你发现A组生产原材料的部门效率提高很快，导致B组的装配车间积压了大量工作，你很快进行了有效的调整，加快提高B组的劳动生产率，对A组的质量要求更加严格，保证他们不会因为高产而产生次品，同时也有效地减缓了他们的生产率提高速度，使A、B组之间的比例达到平衡。

2. **善于领导**

作为一名导演，也许你可以自己十分生动地演好一个角色，但如果你不能成功地引导演员们进入角色，你仍然称不上是一位好导演。所以善于领导就是指一位领导应可以自由地调动他手下的部属，发挥他们的长处，回避他们的不足，让他们为公司和个人的前途而努力工作。

3. 甘心做“幕后英雄”

如果有一项工作你付出了99%的努力，而那个只付出1%努力的人却得到了别人的称赞，你会怎么想？这是哈佛MBA自测的一道试题。现在好好考虑一下，你会怎样想，你能够坦然地接受它吗？你能有这样的宽容之心吗？许多人都不愿正面回答这个问题，如果你是一位部门领导，你应当毫不犹豫地回答“Yes”。从金字塔型的管理模型上看，你的位置在中央，上面有头面人物频频出镜，下面有低层一线部属四处出面，你却只有默默无闻地上传下达。但是无论是上司还是部属，他们都不会否认你“沉默”的重要性——你是公司里真正的中流砥柱。你的工作性质决定了你要保持低调出场，你会恭敬地请灯光师照亮身边的部属，让他们向观众们挥手致意，虽然你知道没有你辛苦的汗水，那个新手永远也找不到自己的位置，这种令人敬佩的宽容与大度会为你今后事业的发展打下一个良好的基础，会为你的领导工作画上画龙点睛的一笔。

让部属有适当的自由度

如何让权如同授权什么、授权给谁一样重要。换句话说，你的态度对部属的工作意愿和工作质量影响极大。尊重部属、信任他们能够完成任务，并告诉他们为什么在所有人之中是他们被选中而不是别人。对部属来说，知道自己受到赏识、被委以重任比加薪、提供给他们薪水以负担他们的生活开销更意味深长并影响深远。

如出色的教练培养助手终有一天能成为主教练一样，成功的管理者在他们的职权范围内允许他人成长和发展。他们懂得，适当的授权是给予部属一定的挑战，不使他们停顿不前，表现出对自己的信心和对他们的信任，保留他们的权力和义务，扩大他们的荣誉感。所以，出色的管理者恰恰不劈头盖脸地向下级布置他们不应该做的工作；出色的管理者只是给下级提供学习和进步的机会。事实上，管理的目的是把他们职责内的一部分工作视为形同虚设。

从琐细的事务中解放出来后，管理者注重于使自己成为他们被聘用来做事情的专家：管理、监督、领导、协助、辅导和推动工作，不再陷入完成任务之中，使得管理者能够扩大职责范围，增加他们的贡献，为他们自己和家庭挤出更多的时间。

授权的要点不是谁能够干好这项工作，而是谁有能力完成更重要的项目。至于谈到那些授过权而又失败的部属，你还授予他们权力吗？也许，你的部下不明白你要他们朝着成为成功的授权者迈出的第一步是要知道授予什么样的权力：

1. **日常工作。**就是那些闭着眼睛也能干得很好的工作，即使是你赏识的人也要训练他们来完成这些任务。

2. **具体任务。**也许，你的部下中有些人处理细节问题很拿手；有些富于想象而且善于写作；还有一些人是计算机狂。在你的职责范围内把任务分配给相应的人。

3. **不熟悉的任务。**没有道理把时间浪费在别人比你更适合做的工作上。

授权，不仅使你帮助别人成长，而且你自己也成长起来。一项逐渐使你感到厌烦的工作，也许对某些人来说并不那么讨厌；一项一直由你来做的工作应该交给某些能做这项工作的人在你不在的情况下来做。

在分配任务的时候，从责任最小、工作成绩不断上升的人开始，不要仅仅是分配任务，销售任务，而是要向你选中的部属解释在这份工作中珍藏着的是：更富有挑战意义的工作、更大的认同、对惯例的突破、提升的可能、引起上级的注意、学习新技能的机会。用授权的方式来分配任务，打下了部属支持你的基础并产生创造力。

细心观察后再进行有效的授权

授权是一种深刻的管理思想，又是一场严格的管理实战，再优秀的管理天才也不可能依靠简单的发布公告或提出一项政策而在公司内授权。授权是在一连串前提条件的保证之下的一种小心谨慎的管理方式。如果你真的试图尝试，就必须要细心观察然后再进行。

公司的管理中缺乏有效的授权，这自然可能源于经理或主管缺乏授权的意识；而同样值得注意的现象却是，几乎所有忙乱不堪的主管都会有“把这件事交给下属去做”的念头。相当多数的主管也的确付诸实施了，尤其是当他们在装帧精美的、最新风行的管理教科书上读到“授权”的新鲜概念时，他们更确信他们在做一件了不起的事。他们相信这件事会为他的主管生涯带来大变革的跃升，这件事几乎能称上“管理的秘籍”，他们为这个想法激动得彻夜难眠。

主管开始尝试把手上的事情交给下属去完成，并向下属们宣称，我们要从此开始一种崭新的工作方式。

而事情的结果却常常是这样的：下属对于新的任务和工作方法感到束手无措，当他们尝试着独立去完成一件事情时，却常常不知道任务到底是怎样的；当他们去财务处提取资金时，财务人员告诉他们每一张单据必须先由部门经理签字才能提取资金；当他们要求总务部门配合工作时，总务部门告诉他，他们不知道这项任务与自己部门有什么关系；当他们向人事部门申请暂时的人员调动或借用时，人事部门告诉他，任何人员的流动要层层通报和上司批准……

接下来的局面可想而知：下属频繁地向分派任务的上司请示或请求帮助；主管发现他们一点也没有从“授权”中得到好处，反而常常被打扰，他们仍没有时间从具体事务中解脱出来思考公司或本部门的发展战略问题。

下属从雄心勃勃、摩拳擦掌逐渐变成垂头丧气、疲惫不堪，开始抱怨其他部门的上司。“授权”之后的组织并没有像期望的那样迸发出蒸蒸日上的生机，相反地却陷入一片混乱。

尝试授权的主管不得不收回成命，进行战略收缩，宣告一次管理革新的失败，而同时也开始怀疑授权是否是可能的，事情到底是怎样变成这样的。

授权的受挫，正是导致许多公司不再信任授权的根本原因。

该受到批驳的不是“授权”，而正好是这些主管，他们太相信授权的神话和童话了。而实际上，管理如同世界上任何工作一样，是要付出艰辛的努力才能做好的，它有的是“好的方法”，而不是“秘诀”或快捷方式。

有效的授权是理性的

有的人授权取得了预期的良好效果，有的人则事与愿违，结果与期望相差很大。一样的管理方式，却有着截然不同的结果。这如同一把菜刀，有人很好地用它切菜，有人却在切菜时被它伤到手。高明的管理者之所以高明，平庸的管理者之所以平庸，其区别很简单，就在于高明者懂得放手管理，充分授权于下属，而平庸者则虽然授权，却让下属的权责是有名无实。

授权也并不难，因为每个人都有自己擅长的领域，也有不熟悉的方面。所以在授权的时候若能够人尽其才，大胆使用专业的人才，并授予其充分的权力，使其具有独立做主的自由，能自己作出决定，并能激发他们工作的使命感，这是管理人实现成功管理的简单原则，也是适应公司发展潮流的必然要求。

1985 年 9 月，东京青山一栋充满现代感的大楼落成了。赴日访问的英国查尔斯王子和黛安娜王妃参观了这栋大楼，传播媒体也争相报道，本田技术研究工业公司的“本田青山大楼”从此扬名世界。实际规划这栋大楼、提出各种方案并将它实现的是一群年轻的员工们，本田宗一郎本人没有插手此事。成为国际性大企业的本田公司在新建总社大楼时，这位开山元老竟没有发表任何意见，实在难以想象。

本田第三任社长久米在“城市”车开发中也显现了对下属充分授权的原则。“城市”开发小组的成员大多是二十多岁的年轻人。有些董事担心地说：“把这么重的担子交给这群年轻人，没问题吧?”“会不会弄出稀奇古怪的车来呢?”但久米对此根本不予理会。年轻的技术人员则平静地对董事们说：“开这车的不是你们，而是我们这一代人吧。”

久米不去听那些思想僵化的董事们在说些什么，而本田宗一郎又会如何对待这种情况呢？他说：“这些年轻人如果说可以那么做，那就让他们去做好了。”

就这样，这些年轻技术员开发出的新车“城市”，车型高挑，打破了汽车必须呈流线型的“常规”。那些故步自封的董事又说：“这车型太丑了，这样的汽车能卖得出去吗?”但年轻人坚信：现在年轻人就是想要这样的车。果然，“城市”一上市，很快就受到年轻人欢迎而风靡一时。本田领导者正是根据每个人的长处充分授权，并大胆任用年轻人，培养他们强烈的工作使命感，从而造就了本田公司辉煌的业绩。

以下是根据员工长处进行充分授权的简单要点：

1. 清楚所要解决的问题

公司所采取的行动将要达到一个怎样的目的，解决什么具体的问题，管理者必须心里有数，这样就可以有针对性地进行选择。这一要求特别针对于一些具体性的工作，像设计、规划、谈判等等。

2. 人员筛选必须仔细考虑

谨慎地衡量计划所需的人员标准，使筛选人员结果能用最简单直接的资料表现出来。因为只有这样，才可能使被授权的人对行动价值有准确的认识。

3. 限时完成

必须规定明确的时间期限针对每一阶段要完成的任务必须全力以赴，浪费掉的时间要设法弥补过来。

放权不代表放任。许多管理者常常会将信任与放任混为一谈。放任员工的后果是：不但把放权的成绩大幅降低，还会殃及整个企业。身为管理者不可不防！

有的上司每次向员工交待任务时总是说："这项工作就全拜托你了，一切都由你做主，不必向我请示，只要在月底前告诉我一声就可以了。"这种授权法会让下属感到：无论我怎么处理，上司都无所谓，可见对这项工作并不重视。就算是最后做好了，也没什么意思。上司把这样的任务交给我，不是小看我吧？

不负责任地下放职权，不仅不会激发员工的积极性和创造性，反而会适得其反，引起他们的不满。

对放任进行预防的最好办法，就是监督。

高明的授权法是既要下放一定的权力给员工，又不能给他们以不受重视的感觉；既要检查督促员工的工作，又不能使员工感到有名无权。若想成为一名优秀的管理者，就必须深谙此道。

有一位在工作中经常成功地运用授权的公司主管这样描述他的工作职责：我每天的工作，有95%是为了未来5年、10年、20

年作预先计划，换句话说，是为未来而工作。至于那些已经试办并有成功实例的事就很少插手，最多只管5%的事务，其余都归常任人员去做和负责，我只定期花少量时间去检查他们的进展如何。

授权之后，主管的角色由工作的实施者变成工作的控制者，只有完成这一角色转换，授权才能走上合理、有效运行的轨道。

然而，并不是所有的主管都能意识到这种转变，他们还不知道怎样在具体工作之外获取有关工作的重要信息，实施有效的控制。

财务副总经理乔和总会计师杰克走进公司董事长的办公室时，正碰上董事长大发雷霆，他吼叫道："为什么没有人把情况向我报告？为什么我不能知道这里的工作进展情况？为什么把我蒙在鼓里？为什么没有人向我汇报过这家公司的情况究竟怎样？在公司的问题没有变成危机之前，看来我绝不会听到有谁向我提出存在的问题的。从今天开始，我要求你们两位设计出一种使我能够信息灵通的系统，并且还要求知道第二天你们将做什么。即使我要对这家公司负责，但我对必须知道的事情却一无所知，我也得滚蛋。"

乔离开董事长的办公室时，他转向总会计师杰克，嘀咕起来："真是蠢货！他想要知道的，或者他可能需要知道的一切都有报告，就摆放在他的办公桌后面的档架上。"

避开你的授权盲点

谁都知道授权的重要性，但让一些管理者真正把一些权力放给下属，确实不是一件容易的事。实际调查表示，大多数组织管理者仅仅授权了10%左右的工作，但在实际工作中，管理者的工作习惯和一些认识的盲点则是导致授权丧失效果的主要原因。那么，授权究竟有哪些盲点？管理者应该怎样避免，从而最大发挥下属的潜力和活力呢？

盲点一：以自我为中心的工作习惯。

对于让下属作出对自己有影响的决定很不习惯。要克服这一点，作为管理者必须清楚你不能独立完成所有的工作，而正确的授权能让你的工作和生活更轻松，并且让你的团队更有活力。

总觉得自己比下属更能干。那些具有较强工作能力的管理者更容易发生这样的失误。事实上，管理者即使在很多领域中都具有非凡的能力也一定要避免事事亲为，因为那不代表你的成员不能做这些事，而且更严重的是会导致下属行为的怠惰。

认为有些具体事只有自己能做。管理者必须时刻提醒自己：如果在一个团队或组织中你是唯一能做某件工作的人（这里指具体的和技术上的工作），那对整个组织是危险的。只有那些必须由自己处理的统筹性的事情才不属于授权的范围。

盲点二：对授权条件要求苛刻。

认为必须把一项工作授权给有才能的人才是合理的。实际上不同的工作完全可以授权给不同的人，而标准只有一个，那就是能否提高整个团队的绩效。应该针对特定的情形和状况使用最佳授权方式，最终减少团队中的冲突。

因为下属拒绝而对授权没有信心。担心经验不足而导致失败和对你授权方式的不满都可能导致他们的拒绝，当然，解决这些问题更需要管理者的经验。

因为下属是新手而不敢授权。一个高效的管理者，在明白能人重要性的同时也必须看到新手的潜力和价值。授权的过程其实也是一个授权者与被授权者共同进步、共同承担责任、共同学习的过程。

盲点三：工作目标模糊。

认为是自己举手之劳的工作而忽视授权。实际上一个管理者的时间就是在这些并不重要的举手之劳的工作中浪费掉了，更重要的是这样会宠坏你的下属，使他们的能力更加缺乏。

因为自己喜欢做而不授权给下属。尤其是一些技术型管理者，你必须授权你喜欢的工作，让下属代你完成。你的任务是集中精神做必须由你完成的工作，而无论你是否喜欢。

对所有工作要求尽善尽美。认为所有工作都应该完美地实现，其实这是一个盲点，而一旦陷入这个盲点，则会对你的授权产生限制，甚至会导致你对下属的能力产生怀疑，从而在授权上止步不前，事实上有许多时候不需要十全十美。